教育部高职高专文秘类专业教学指导委员会
“十二五”规划教材

秘书职业基础、职业技术与技能训练系列

秘书信息工作实务

主　编　余红平　雷　鸣
副主编　周　慧　王明丽　段　赟

重庆大学出版社

内容提要

本书以培养秘书职业信息工作技能为核心，坚持“够用为度，适用为则，实用为标”的方针，做到理论够用，突出技能实训。以活动为导向，突出项目化、任务驱动的教学特点，具有可操作性、职业性、技能性和实用性。其内容包括秘书信息工作认知、信息收集与整理、信息传递与反馈、信息开发与利用、信息辅助管理5个模块，共11个项目，含23个任务。每个项目含导入案例、任务描述、知识链接、实训项目、自测题等环节。

本书既可作为职业院校文秘专业信息管理课程教材，也适合从事或将要从事秘书、办公室专业行政工作人员作为业务进修及业务指南之用。

图书在版编目(CIP)数据

秘书信息工作实务/余红平，雷鸣主编.—重庆：重庆大学出版社，2010.8(2023.1 重印)

教育部高职高专文秘类专业教学指导委员会“十二五”规划教材

ISBN 978-7-5624-5405-2

Ⅰ.①秘… Ⅱ.①余…②雷… Ⅲ.①秘书—工作—高等学校：技术学校—教材 Ⅳ.①C931.46

中国版本图书馆 CIP 数据核字(2010)第 081638 号

秘书信息工作实务

主 编 余红平 雷 鸣

副主编 周 慧 王明丽 段 赟

策划编辑：贾 曼 唐启秀

责任编辑：谭 敏 王便利 版式设计：贾 曼

责任校对：邹 忌 责任印制：张 策

*

重庆大学出版社出版发行

出版人：饶帮华

社址：重庆市沙坪坝区大学城西路 21 号

邮编：401331

电话：(023) 88617190 88617185(中小学)

传真：(023) 88617186 88617166

网址：http://www.cqup.com.cn

邮箱：fxk@cqup.com.cn (营销中心)

全国新华书店经销

中雅(重庆)彩色印刷有限公司印刷

*

开本：787mm×1092mm 1/16 印张：8.75 字数：186千

2010 年 8 月第 1 版 2023 年 1 月第 8 次印刷

ISBN 978-7-5624-5405-2 定价：23.00 元

参编学校 （以拼音字母为序）

长沙民政职业技术学院
长江职业学校
福建泉州黎明职业大学
广东农工商职业技术学院
湖州职业技术学院
湖南商务职业技术学院
河北科技师范学院
河北政法职业学院
黄河水利职业技术学院
湖南大众传媒职业技术学院
华侨大学
黑龙江工商职业技术学院
嘉兴职业技术学院
荆州职业技术学院
金陵科技学院
金华职业技术学院
丽水职业技术学院
辽宁装备制造职业技术学院
连云港高等专科学校
南通大学
南通职业大学
南通农业职业技术学院
宁波城市职业技术学院
深圳信息职业技术学院
苏州职业大学
石家庄铁路职业技术学校
山西大学
四川职业技术学院
四川文化产业职业学院
绍兴文理学院
上海工会管理职业学院
山东文化产业学院
太原大学
唐山师范学院
扬州大学
扬州职业大学
英国密德萨斯大学
浙江经济职业技术学院
浙江商业职业技术学院
浙江金融职业学院
浙江东方学院
浙江经贸职业技术学院
钟山职业技术学院
中华女子学院
郑州牧业工程高等专科学校

总序

2006年1月,教育部下发了《教育部关于成立2006—2010年教育部高等学校有关科类教学指导委员会的通知》(高教函[2005]25号),经过调整,教育部高职高专文秘类专业教学指导委员会(以下简称"教指委")由下列人员组成:孙汝建(主任委员)、严冰(副主任委员)、郭冬、时志明、曹千里、王金星、杨群欢、王箕裘、韦茂繁、陈江平、李丽、张玲莉。

"教指委"成立以来,始终把教材建设作为重要工作来抓。设立了专业建设分委员会、师资培训分委员会、实训基地建设分委员会。由主任委员兼任专业建设组组长、专业建设分委员会主任,具体负责包括教材建设在内的文秘专业建设研究和指导工作。委员会先后召开了五次委员会会议;举办了三期全国文秘专业骨干教师培训班;建立了全国高职高专文秘专家库并开展研讨活动;承担教育部课题"文秘专业规范研制"的研究;在全国高职高专遴选和建设了三批教指委精品课程;设立了三批文秘专业研究课题;举办了两届全国高校文秘技能大赛;对全国六百多所高校的文秘专业进行了问卷调查;等等。"教指委"始终把教材的研究与开发作为主线贯穿在这些活动中,并多次组织专题研讨,在认真调查研究、反复论证的基础上,组织编写了教育部高职高专文秘类专业教学指导委员会"十二五"规划教材36种,由主任委员任总主编。经过网上公开招标、委员投票,该套教材由国家一级出版社重庆大学出版社出版。

2009年8月24—27日,由"教指委"主办、重庆大学出版社承办的本系列教材主编会在重庆召开。会议期间,主编们就高职高专文秘专业课程设置、教学目标以及本系列教材编写指导思想、编写原则、体例和编写队伍组成原则等问题进行了认真而热烈的讨论,达成了以下共识:1.根据我国高职高专文秘专业各方向的培养目标、专业建设、课程建设的发展规律与趋势以及国家秘书职业资格证书的考证要求、用人单位对文秘人才的需求,构建编写大纲、选择编写内容、设置编写栏目。2.教材编写以文秘专业学生应具备的基本素质、基础知识、基本职业能力、核心职业能力为依据。3.教材使用对象以高职高专学生为主体,兼顾文秘培训和秘书行业的社会需求。4.教材内容以"够用为度,适用为则,实用为标"为原则,给课堂教学留有发挥空间,突出主要知识点,实训举一反三,紧扣文秘岗位实际,表达准确流畅。5.教材由秘书职业基础、职业技术与技能训练和文化素质课程(高职高专各专业通用)两大版块组成。6. 教材资料尽量使用2007年以后的新成果,保证教材内容的前沿性。7. 教材采用立体开发的方式出版,除了纸质教材外,还包括教学资源网站和教学资源包。

会后,本系列教材主编积极组织力量,遴选副主编和参编者,以每本教材为单位,分别组织研讨和开展教材编写工作。

经过长期运作,本系列教材36本终于面世。其中:

(一)秘书职业基础、职业技术与技能训练课程版块23种

秘书理论与实务	秘书写作实务
涉外商务文书	文案阅读与评析
档案管理实务	社会调查实务
办公室事务处理	秘书信息工作实务
会议策划与组织	中国秘书简史
商务秘书实务	秘书岗位综合实训
秘书职业概论	秘书思维训练
领导科学与领导艺术	毕业设计(论文)写作指导
人力资源管理理论与实务	企业管理基础
秘书语文基础	市场营销理论与实务
办公自动化教程	公共关系实务
秘书心理与行为	

(二)文化素质课程版块13种

规范汉字与书法艺术	普通话训练
口语交际与人际沟通	新闻写作
社交礼仪	商务写作实训
实用美学	形体塑造与艺术修养
文化产业基础	中外文化概论
地域与旅游文化	文学艺术鉴赏
法律文书写作	

本套教材由“教指委”确定教材目录、提出编写意图、组织编写队伍、审定编写大纲、并对编写出版过程进行了全程管理、指导与监控;系列教材全体主编有丰富的教学经验和科研成果;出版社有较高的资质和声誉。全体编写者都怀有一个共同的愿望:在教指委指导下,编写出一套能全面反映文秘专业最新教学科研成果、代表文秘专业建设方向、能在较长时间内指导全国高职高专文秘专业教学的精品教材。

重庆大学出版社从领导到该项目负责人,对教材的组织编写到出版一直给予高度重视和大力支持,特别是邱慧主任、贾曼老师几年来为教材辛苦奔走,精心策划、辛勤付出,其敬业精神令我们感动,我代表“教指委”及教材全体编写人员向他们深表敬意和谢意!

任何成果都是阶段性的,本套教材也不例外。但是,探索是无止境的,在教材的使用过程中,我们会发现修改的空间,在适当的时候,我们还可以对教材做适当的修订,使之日臻完善。

教育部高等学校高职高专文秘类专业教学指导委员会
华侨大学华文学院院长、教授 孙汝建
2010年6月16日于厦门

前言

我有一位学生叫夏婷,去年 6 月毕业后在温州一家服装企业上班,岗位是销售助理。一个月后,她给我发来邮件,汇报一些工作的基本情况。她在信中告诉我,工作比较轻松,每天的任务就是把生产出来的服装拍照、存档,偶尔帮老板打印文件,整理资料,因为老板不会用电脑。公司上班环境不错,一个人一间办公室,每月待遇也不错。但是每天看着老板忙忙碌碌的,自己却闲得整天上网,也看不到事业前途,内心很迷茫。一个自己忙碌秘书却很闲的老板绝对不是聪明老板,一个看着老板忙碌任由自己闲着的秘书也绝对不是敬业的秘书。所以我试着指导她去做一些事——主动为老板提供一些信息。我想一个不懂电脑的老板应该是需要这些的。在温州,还有一大批和我学生所在公司差不多的企业。他们从作坊起步,规模由小做大,管理由不规范走向规范,并试图创造更辉煌的未来。在这过程中,他们急需要了解各种信息,却缺少收集使用信息的基本技能,比如电脑的使用。因此,无论是在大型企业里做秘书,还是在小企业里做文员,信息工作技能已成为必备的工作技能。

在指导学生过程中,我们根据高职文秘教育的要求,特别是长三角地区对文秘工作技能的要求,组织编写了本教材。本教材在撰写过程中,我们着眼于现实和未来发展的需要,特别坚持"够用为度,适用为则,实用为标"的方针,做到理论够用,突出技能实训。以活动为导向,以职业技能为核心,突出项目化、任务驱动的教学特点,具有可操作性、职业性、技能性和实用性。同时本书还与《秘书国家职业资格》考试无缝接轨,力争让学生在学习之后,不仅具备信息工作的基本技能,也助于考取秘书职业资格证书。

在编写过程中,为了提高教材的实践性和教学的时效性、趣味性,编写人员深入企业收集信息,积极引入企业工作一线最新成果,实现教学内容与职场的互动。本书不仅案例选择来自于企业一线,还根据一线秘书的工作经验总结,设置了职场经验和职场吹风等内容,以确保教材的生动性。同时本教材的驱动任务和实训任务来源于真实企业，并实现有效互动和任务连续性、发展性，使学生在学习过程中能够不停转换角色，在做中学，在学中做，教学做合一。

本书由浙江丽水职业技术学院余红平、河南郑州牧业工程高等专科学校雷鸣担任主编，丽水职业技术学院周慧、上海工会管理职业学院王明丽、江苏钟山职业技术学院段赟担任副主编。本书在编写过程中，参考了大量的文献资料，吸收了最新的研究成果，特别是援引、借鉴、改编了大量的案例和训练素材。而为了行文方便，对于所引成果及材料未能在书中一一注明，因此，编者对本书编写有过帮助的方家大作，恭谨地列于书后的参考文献中，表示致敬和感谢！

本书在编写过程中得到了重庆大学出版社编辑邱慧、贾曼的支持和帮助，得到教育部高职高专文秘类教学指导委员会专家、领导和国内众多同仁的帮助、指导，在此一并致谢。

由于时间仓促、篇幅有限等原因，特别是我们水平有限，本书不可避免地存在许多疏漏和不妥之处，恳请各位专家、同仁和广大读者不吝赐教，以利于本书的进一步完善和提高！

编　者

2010 年 6 月

目录

CONTESTS

模块一　秘书信息工作认知

项目一 认识信息工作

【学习目标】

知识目标

了解信息的概念、特征和主要工作内容、程序。

了解企业信息工作的重要性和企业信息内容。

能力目标

能够正确理解信息工作的意义。

能够认识到信息对企业的重要作用,熟悉企业信息内容。

案 例

日本尼西奇公司原是一家生产雨伞的小企业。一次偶然的机会,董事长多博川看到了一份最近的人口普查报告。从人口普查资料获悉,日本每年有250万婴儿出生,他立即意识到尿布这个小商品有着巨大的潜在市场。按每个婴儿每年最低消费2条计算,一年就是500万条,再加上广阔的国际市场,潜力是巨大的。于是立即决定转产被大企业不屑一顾的尿布,结果畅销全国,走俏世界。如今该公司的尿布销量已占世界的1/3,多博川本人也因此成为享誉世界的“尿布大王”。

提示:1. 信息如此重要,那什么才是信息呢?

2. 秘书怎样才能做好信息工作呢?

【任务描述】

远利股份有限公司招聘市场部商务秘书1名,岗位职责包括:

(1)负责公司市场业务信息的收集,开拓与维护新老客户;

(2)负责公司概况及公司产品服务等方面的演示与讲解,并组织市场宣传推广活动(包括广告宣传、专题会筹备)等工作;

(3)负责有效客户信息的管理工作;

(4)负责业务跟踪记录表的统计和管理以及项目信息的采集、汇总和定期汇报工作;

(5)负责下列市场业务日常工作:包括外来电话的接听记录,宣传资料的准备和邮寄,资料及文件(包括培训记录、会议记录、经济合同、出差计划与总结报告等)的整理归档,项目评审移交等工作。

文秘专业应届毕业生夏婷,正面临着毕业找工作的烦恼。看到招聘启事后,她开始了准备工作,争取一举拿下。但是对于秘书工作中的信息工作她一直以来都不是特别懂,她开始了解什么是信息和信息工作。

任务一　了解信息和信息工作

人类进入信息化社会后,所有的制约因素又与企业能否了解和充分掌握信息、运用信息有着不可分割的关联。企业时刻要关注对市场竞争起着关键作用的信息。谁能及时抓住瞬间万变的信息,在大量的信息中去伪存真,把信息变成有用的情报,谁就能真正提高自身企业的竞争能力,谁就能拥有持续发展的竞争优势。

一、信息的含义

"信息"一词来源于拉丁文"Information",意思是解释和陈述。一般说来,信息是指客观存在的一切事物通过物质载体发出的信号、消息、情报、数据、图形、指令中所包含的一切有价值的内容。信息不是事物本身,而是表征事物消息和信号中的内容。

人们常常把信息和信号及消息相混淆,其实,三者的含义是不同的。信号可以用来传递某种约定的声音、光线和标志等。其最大的特点是约定性,它只是信息的一种表现形式,信息是信号的内容;消息是指传播某一事物的音讯和新闻。其主要特征是传播性,容易发生失真现象,消息只是信息的外壳,信息才是消息的内核,只有揭去外壳,才能捕捉内核。平时我们常说到的语言、文字、图形和符号本身也不是信息,它们只是信息的载体而已。

二、信息的主要特征

(一)真实性

信息强调的是客观存在的一切事物通过物质载体发出的有关内容,因此,任何信息都要求能如实反映客观的事实,凡不符合事实的东西只能称为讹传,不具有任何使用价值。

(二)价值性

信息强调的是各种事物通过物质载体发出的一切有价值的内容,因此,信息总会或多或少地对完成某项工作有所帮助。当然,信息的价值度有高有低,凡具有较高价值的信息往往是在对大量原始信息进行加工处理后才取得的,那些未经过正确取舍与筛选的信息往往比较分散,其价值性也要降低很多。

(三)多变性

由于客观事物的复杂多变,反映其状况的信息也会随之变化,加上信息总是滞后于事实的特点,因此有价值的信息总是处于不断的更新、矫正、扬弃、变化的过程中。

(四)共享性

信息资源与其他物质资源不同,物质资源在使用时具有一次性的特点,信息则不然。

当信息的拥有者把信息传递给他人时，他仍有该信息的使用权。可见，除了需要保密的少量信息外，其他一切信息都不具有独占性。

三、信息工作

所谓信息工作，是信息工作人员有组织、有目的、有计划地进行信息的收集、整理，并将形成的信息文稿报送相关决策者的过程及其所需要从事的相关工作。对于信息工作的基本概念，应当把握这样几个层次的问题：

一是信息工作的主体。所谓信息工作的主体，是指信息工作的启动者和实施者，也就是在组织中具体负责信息工作的部门或个人，也就是信息工作者。信息工作的主体一般由信息工作的决策者、组织者和实施者三部分“人”组成。信息工作的主体在信息工作中始终处于主动地位，他们的素质如何对信息工作关系极大。

二是信息工作的客体。所谓信息工作的客体，是指信息工作所要服务的对象，或者叫做信息工作的受益者。信息工作的服务对象主要是具有决策权力的决策者，它可能是某个拥有决策权力的个人，也可能是具备相应决策职能的集体或组织。信息工作能否顺利开展，信息工作能否顺畅，其成果能否被服务对象所接受，在很大程度上与信息工作的客体密切相关。

三是信息工作的影响效应。所谓信息工作的影响效应，是指信息工作的目标经过信息工作实施的一切有组织的活动而得以实现的程度，它是信息工作成效的体现。它主要表现在两个方面：一是作为信息工作客体的决策者，对作为信息工作主体的信息工作者的工作是否持积极肯定的态度；二是信息工作是否对决策者的决策行为直接或间接地产生了积极的影响效应。

信息工作的上述三个构成要素，对信息工作有着直接的影响。做好信息工作，必须把握好信息工作的相关基本要素，并弄清它们之间相互作用、相互制约、互相依存的内在的关系，从而进一步把握信息工作的基本规律。

四、信息工作的程序

信息工作的程序包括收集、整理、传递、反馈、存储、利用。各个环节相互连接，密不可分，形成完整高效的信息工作流程。

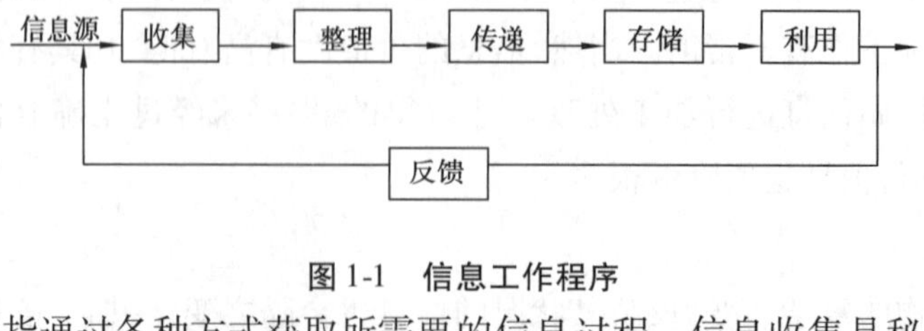

图 1-1　信息工作程序

信息收集是指通过各种方式获取所需要的信息过程。信息收集是秘书信息工作基本内容，也是信息工作关键的一步。

信息整理就是将所获取的信息分门别类地加以归纳，使原来分散的、个别的、局部的、无系统的信息,变成能说明事物的过程或整体,显示其变化的轨迹或状态,论证其道理或指出其规律的系统的信息。这是一个"去伪存真,去粗取精"的过程。去掉信息中虚假的、不确切的成分,留下真实可靠、有用的信息;去掉信息中粗糙的、相关性不大的成分,留下有价值的信息。对精选后的信息要分类,分项加工整理,可以按重要程度、信息用途分类,也可以按信息来源分类。总之,整理信息的目的在于更好地保存、使用信息,加工整理的过程,同时也是信息消化、吸收的过程。

信息传递是借助一定的载体,通过一定的渠道,将经过加工整理的信息传递给需要者。

信息存储是将有查考利用价值的信息存放保管起来,以备利用。信息按程序存储后,便完成了变原始信息为有序信息、变单一信息为综合信息、变无序信息为有序信息、变低层次信息为高层次信息、变零散信息为系统信息的过程。

信息利用是将经收集、整理、存储的信息资源提供给企业决策层利用,满足其信息需求的过程。开发和利用信息,可以使信息不断增值,发挥更大的效能,最终达到服务于决策,提高工作效率这一根本目的。

任务二　认识企业管理中的信息工作

早在两千多年前,中国古代军事家孙子就提出了"知己知彼,百战不殆;不知己知彼,每战必殆"观点。这不仅适用于军事战争,同样适用于市场经济中的企业竞争。一个企业或者其管理者,在商业竞争中,要做到知己知彼,实质就是要展开全面的信息工作。信息和信息工作对置身于这个时代的企业来说其重要性不言而喻。

一、企业信息工作的重要作用

在现代社会条件下,正确无误的战略,行之有效的战术,无疑是每一个企业努力追求的理想目标。好的结果取决于好的行动,好的行动取决于好的决策,而好的决策取决于准确地、全面地获取信息,这是一个科学的因果关系,是经实践证明了的获胜途径。我们关注的企业信息工作就是为企业制定或选择正确的战略战术服务的,在现代企业发展中发挥着至关重要的作用。主要表现在如下几个方面:

(一)信息是企业决策的基础

企业管理的核心就是决策,而决策的成败关系到企业的存亡。决策在本质上就是一个信息处理过程,由信息的收集、分析、判断,方案的拟定、选择等一系列步骤组成,每一个步骤都离不开信息的支持。决策失败的原因,根本的一条,是判断的错误,是对信息的错误分析,是信息的不准确或缺少造成的盲目,是我们说的"情况不明"。只有积极主动地了解和掌握环境信息,全面、实时地搜集与企业发展相关的宏观经济趋势、产业政策、行业信息和市场信息,挖掘和利用信息体系资源,建立快速反应机制,才能把握市场脉搏和机遇,提高企业的风险预警能力和企业整体决策水平。

案 例

小张是刚从大学毕业分配来的某厂办公室秘书，虽然他早就听人说过信息是资源，是财富，但究竟它的价值有多大，对领导决策起多大作用，总感到说不清。在一次领导办公会上，办公室卢主任让小张做记录，他才对信息工作有了切身的理解。

会上，管设备的副厂长提出技术改造方案，以提高企业的竞争力，要求把刚刚收回的一大笔资金，重点投放到购买机械设备上。管财务、管生产的副厂长都表示支持。当厂长正要拍板决断时，卢主任说他想向各位领导汇报一个新情况，供领导们参考。领导们的目光一起转向了他。

“我先说几条信息请领导们参考：一是我国粮食进入市场后，粮价上调的趋势十分明显；二是国际上几个主要粮食进口量大的国家今年均遭自然灾害，国际性粮食歉收趋势已定；三是供应我厂工业粮食原料产量区今年都遭到严重的水灾；第四，今年又是乡镇企业发展很快的一年，这些乡镇企业不少是利用其资源优势从事投资少见效快的食品和酿酒业，都将以粮食为原料。根据以上情况，我预计，近期粮价必上涨，而且上涨幅度较大，可能每千克上涨0.2至0.5元；我厂每年工业原料用粮10万吨，按每千克原料用粮上涨0.3元计算，每吨将上涨300元，10吨就是3 000元，全年就是3千万！因此，我建议当务之急是在粮食涨价前购进原料，这样可以降低成本，提高竞争力，获得可观的经济效益。然后再把获得的盈利投入技术改造。由于经济实力增强了，我们进行技术改造的起点可以更高些，最好能达到国际先进水平。这样，就为我们的产品参与国际市场竞争打下了坚实的基础……”

卢主任的发言结束后，会场一片寂静。领导们有的拿出计算器仔细地算着；有的掏出钢笔，在本子上写着；还有的托着腮在沉思……

过了一会儿，厂长的发言打破了寂静：“卢主任提出了一个值得我们深思的问题。我同意他对粮食价格变化所作的分析和预测。摆在我们面前的问题，是先搞基本建设和技术改造，还是先购进即将涨价的原料，取得经济效益后再以更大的投入进行高起点的技术改造。请大家对这两个方案再议一议。”

大家七嘴八舌讨论起来，会议气氛十分活跃。经过反复比较、分析、论证，厂领导最后一致同意采纳卢主任的建议：先购进粮食原料，再进行技术改造。

后来的事实证明，卢主任的预测是完全正确的，他的方案使企业获得了巨大的利润，整整多赚了一个亿！

小张敬佩地对卢主任说：“看来信息是金钱的说法一点不假！您是怎样获得这些信息的呢？”

卢主任说：“信息变化极快，信息工作无止境。这次我们虽然从大量信息中淘出了一些金沙，但不知还有多少金矿等待我们去开掘、去淘洗、去利用。稍一马虎，它就会从你眼皮底下溜走。淘金，把小张引入了对信息工作的深层思索。①

---

① 王守福. 文秘工作案例与分析[M]. 北京：高等教育出版社，2004.

（二）信息可以提高企业的竞争力，掌握主动权

信息被人们称之为除技术、资金、人才之外的第四大管理要素。企业要想在激烈的市场竞争中占据优势，适应市场实效经济的要求，在竞争中掌握主动权，只有借助于企业的信息工作。通过有效的企业信息工作，密切了解竞争对手的产品策略和市场动向，及时跟踪产业技术发展方向和态势，不仅可以为企业制订产品战略、市场战略等提供决策依据，始终保持企业的产品开发和市场竞争处于优势地位，还可以主动地根据市场的需求变化及时调整企业的市场对策，抢占先机。

（三）信息帮助企业密切保持与客户沟通

市场竞争的核心工作之一，就是如何获取消费者的青睐和认可。因此注重倾听消费者的心声，密切保持与消费者沟通是企业市场工作的重中之重。企业通过信息反馈，可以加强与消费者的紧密关联，更多地获取消费者的消费感受及需求诉求，准确掌握市场需求及其变化趋势，以正确地调整产品或市场策略，充分满足消费者的各种需求，改进客户关系和客户服务水平，从而提升企业的品牌形象，最终加强消费者对于企业品牌的忠诚度。

（四）信息能有效提升企业风险防范能力

由于市场变化万千，各种风险皆有可能发生，或对企业构成威胁。通过信息的搜集、整理及挖掘，可以前瞻和预测未来行业发展趋势和变化，有效地规避或降低企业的运营风险，避免大量的人力、物力和资金的投入浪费，提高新品开发项目的准确率和成功率，使企业的发展趋利避害，未雨绸缪，确保企业持续的发展。

（五）信息有利于树立企业在公众中的良好形象

在企业的经营管理中，沟通协调是非常重要的。特别是企业在面对公众时，如果能够坦诚相待，及时、真实公开企业经营管理过程中的信息，将极大促进企业与公众之间的沟通工作，树立企业在公众中负责、上进等良好形象，提升企业品牌价值。

二、企业信息工作的主要内容

企业的信息工作主要是管理信息的收集和处理。具体来说包括以下几项工作。

（一）建立企业信息收集网络，收集各类管理信息

企业信息收集网络是企业的信息工作的基础。在现代通信技术发展背景下，建立企业信息收集网络主要是在原有企业局域网的基础上，用 Internet 技术改造成内联网（Intranet）和外联网（Extranet），这是企业信息工作的基础。

（二）发展与利用信息资源，实现企业各种资源优化组合

采用各种手段，收集、整理、加工以市场信息为重点的各种信息，建立企业生产、经营、管理决策所需要的各种数据库，进行数据分析与挖掘，结合深化改革进行企业业务过程重组（BPR），理顺信息流程、资金流程与物料流程，进行体制、机制与管理模式创新，推动企业各种资源的优化组合，这是企业信息工作成败的关键。

（三）利用信息资源，发展企业

企业应该充分利用自身的信息资源，并应用在企业生产、经营、管理等各方面，提高经

济效益和服务质量，发展企业。这是企业信息工作的核心内容和宗旨。包括利用信息开发出适销对路的新产品、提高管理科学化水平、开展电子商务等，降低经营成本，提高市场竞争力。

（四）开展信息教育，提高职业信息文化素质和全员信息管理意识

通过各种形式和途径强化在职培训，开展信息技术、信息化知识普及教育，提高各级领导、管理干部、科技人员、业务人员、广大职工信息意识与文化素质，培养既懂信息技术又懂业务的复合型人才，这是企业信息工作顺利开展的保证。

项目二　走进秘书信息工作

【学习目标】

知识目标

了解秘书信息工作的内容、特点和常用信息工具。

理解秘书的信息意识。

能力目标

能够明确秘书信息工作职责。

能够树立正确的秘书信息意识。

案　例

李巧娟是远景集团浙江分公司总经理秘书。新上任不到十天的集团公司总裁下周一要来浙江分公司检查工作。总经理要求小李牵头做好各项接待准备工作。小李老练地给总裁秘书打电话,向他打听总裁有多大年龄、家住在什么地方、性格如何、是否到过杭州、喜欢吃什么菜喝什么酒等情况。

提示:小李做得对不对?有什么不恰当的地方吗?

【任务描述】

夏婷经过努力,终于顺利地进入远利股份有限公司,成为市场部商务秘书。上班第一天,市场部经理便找小夏谈话,要求她不仅要做好市场信息的收集,还要做好日常的信息收集。每天都要把收集到的信息及时整理好交给经理审阅。一从经理办公室出来,小夏就向经理的前秘书,现在的市场部主管老赵请教,开始熟悉秘书的信息工作。下班前,小夏把当天收集的信息放在了经理办公桌上。

任务一　熟悉秘书信息工作

秘书信息工作是指秘书部门或是秘书个人采集、处理信息的一切活动。企业秘书信息工作实际上包含了企业经营管理机关秘书部门的信息收集与处理及市场信息的调查处理两部分。前者指的是企业秘书的日常信息处理,后者是根据企业运营的需要,为了解决经营、销售、新产品开发,制定价格战略等问题,是有目的、有要求、有特定市场范围的主动市场信息调查。前者是企业秘书机构作为企业信息网络中枢的信息处理,后者是指企业秘书协调企业营销、策划及专职的市场调查员和推销员所作的市场信息调查和综合处理。两者虽然各有分工,但其目的都是为企业经营决策服务的。这是企业秘书信息工作的根本宗旨。因此,两者互为补充,相互配合,形成一个整体,共同构成企业经营决策不可缺少的支撑系统。

一、秘书日常信息工作主要内容

秘书是为企业决策层或上司个人服务的,通过向上司提供有效信息从而辅助上司决策是秘书份内的工作。秘书日常信息工作的主要内容包括:

(一)日常中的信息工作

秘书日常工作包括值班、接打电话、接待工作、安排活动。在处理这些办公室日常事务工作中,必须按照特定工作内容的需要,做好信息工作。

(二)会务工作中的信息工作事务

会议是信息沟通、信息处理的重要手段。开会的过程就是信息交流、信息处理的过程。秘书的会务工作,实际上是确保会议信息有效流动,实现会议目的。因此,秘书要做好会议期间信息的收集、传递、反馈等工作,做到多听、多记、多想,全面地收集掌握第一手资料。

(三)文书处理中的信息工作

办文是秘书的重要工作,文书是领导了解信息的重要传递载体。秘书每天都要处理大量的文书,从文书的起草、制作、分发,到收文、传阅、归档就是信息工作的整个程序。

二、秘书市场信息工作主要内容

秘书通过商情、广告、报表、凭证、合同、货单、文件、书信、语言、图像等途径广泛收集反映市场上商品生产、交换、流通、消费等有关方面的数据、资料。比如股市行情、银行利率变化、市场需求、原料价格等。

三、秘书信息工作的特殊性

(一)服务的特定性

信息是人类的财富,所有人都可以利用信息。但是不同的利用者利用的目的是不一样的。秘书的信息服务具有特定性,信息工作主要目的是为上司或是领导团体服务。这是秘书信息工作的根本出发点和落脚点。

(二)内容的全面性

秘书信息的搜集要满足企业发展各个时期、各个环节的信息需求,包括市场、行业、对手、经济、政治、环境等多层面信息。信息系统的目的是构建企业“竞争全息图”、消除“信息孤岛”。因此,信息搜集要制定完整的计划,信息数据也要分门别类,使企业内部各个管理层面都能分享所有关联的信息。因此信息收集的要求具有全面性。

(三)渠道的多样性

信息工作的关键是要全方位注重信息资源的有效整合。人际网络关系往往能得到公开渠道所无法获得的信息,而这些信息能对企业快速反应产生影响。如融洽地保持与行业专家、权威人士、商务机构的商业往来,互通有无;定期与合作伙伴举办环境轻松、主题聚焦的沙龙会议;在公共社交场所,如各类展销会、订货会、新闻发布会、学术研讨会等是各行企业汇聚的平台,也是获取信息情报最重要的机会与场所,通过参加这些会议可以获取大量文献资料、实物信息、人际信息等。另外,不同层次的人,包括领导、职员甚至清洁工人都可能成为获取重要信息的来源。

(四)时间的全天性

信息无处不在,无时不在。秘书随时随地都应该做好信息收集的准备。即使是在工作之余或节假日期间,都可以关心并搜集与企业相关的信息,并及时与企业信息管理者进行沟通和反馈,持之以恒,必有成效。全天性工作方法要求秘书要有较高的信息工作责任意识。

四、秘书常备的信息资料

秘书在工作中经常要查阅和利用信息,所以在办公室中应备有常有的信息资料,以便随时翻阅。

秘书常备的信息资料有:参考书(包括工作用参考书、手册、百科全书、字典与词典、年鉴),报纸期刊、统计资料、地图册、内部文献、人名地址录、广告材料和宣传品以及有关政府出版物、法律法规汇编、政策汇编等。

任务二　树立秘书信息意识

一、信息意识概念

同样重要的信息,有的秘书善于抓住,有的秘书却漠然视之。这就是源于秘书信息意识强弱的不同。秘书要做好信息工作,不仅要有一定的信息能力和信息知识,更为关键的是树立正确的信息意识。因为信息技能的掌握在很大程度上取决于信息意识的提高。

所谓信息意识,简单地说,是人们利用信息系统获取所需信息的内在动因,具体表现为对信息的敏感性、选择能力和消化吸收能力。秘书信息意识就是秘书对各种信息的敏感程度,是秘书对自然界和社会的各种现象、行为、理论观点等,从信息角度的认识、理解、感受和评价。通俗地讲,就是面对不懂的东西,能够积极主动地去寻找答案,并知道到哪里、用什么方法去寻求答案,这就是信息意识。

有无信息意识决定着人们捕捉、判断和利用信息的自觉程度。现代企业秘书没有科学的信息意识,就不能正确对待大量的信息,就可能淹没在信息的海洋里,成为信息的奴隶。现代企业秘书必须具有强烈的信息意识,善于从无数的信息中主动地挖掘、搜集、整理和应用有利于领导决策和秘书工作的信息;善于敏锐地洞察别人尚未注意的信息,发现问题、分析问题和解决问题;善于将各种信息和自己所关心的问题、需要解决的问题结合起来思考,从而更好地开展秘书工作。

二、信息意识的表现

(一)对信息具有特殊的敏锐的感受力

这是信息意识的突出表现,是一种自觉的心理倾向,能敏锐地捕捉信息,并善于从他人看来是司空见惯的、微不足道的现象中发现有价值的信息。

(二)对信息具有持久的注意力

这是信息意识的另一种突出表现,对信息的态度成为一种习惯性倾向。具有信息意识的人,对信息的关注不受时间和空间的限制,无论是工作范围以内,还是日常生活中,他都习惯用情报的眼光,从情报的角度去观察周围一切事物,去思考问题,把这些信息和自己要解决的问题联系在一起。对这些信息的长久注意力是一个人事业成功的必要条件,也是科研、情报工作突发灵感的基础。

(三)对信息价值有较高的判断力和洞察力

这在某个时刻可能成为事业成功的关键。一个具有强烈信息意识的人,对信息的敏感性,除了他对信息的心理倾向外,更重要的是他对信息价值的判断力和洞察力。面对浩如烟海、杂乱无序的信息,他要能够去粗取精,去伪取真,进行识别,并做出正确选择。

三、秘书信息意识的培养

(一)秘书的信息意识

秘书的信息意识一般表现为对秘书工作中的情报信息具有较高的敏感度,深透的洞察力和大胆的快速分析、反馈、判断和使用能力。实践中就是体现为秘书在工作中搜集信息,利用信息的自觉行为。秘书的信息意识包括信息价值意识、信息安全意识、信息消费意识和信息道德意识等四个方面。

1. **信息价值意识** 信息价值意识是信息意识中最核心的部分。价值是信息之所以被人们重视的根源,也是人们能够主动进行信息活动的根本动力所在。在信息社会,秘书应该具备这样一种观念:为了企业的发展,我们需要信息。每天我们都有海量的信息,秘书要能够从中提炼出有价值的信息为上司服务,为公司所用。

2. **信息安全意识** 信息社会中信息特有的价值属性,决定了一个生活在信息社会里的人要有信息安全意识。秘书更应具备安全意识。每个企业都有一些秘密信息是不允许或是不适合公开的。一旦公开会危及整个企业的利益。秘书要有安全意识,既要做好个人信息的安全防范,又要做好企业信息的安全防范。

3. **信息消费意识** 既然信息是有价值的,那么使用信息便是一种消费行为。事实上,我们每天都在进行信息消费,从报纸上获取信息就要花钱买报纸,看电视获取信息就要交收视费,上网获取信息要交上网费,打电话要交电话费等等。在现代社会,信息已经成为工作、学习、生活、生产、管理系统中最重要的投入,只有投入才会有产出。秘书要树立信息就是商品的观念,信息必须有偿使用,反对那些使用盗版软件、剽窃他人的信息成果等不好的信息消费行为。

4. **信息道德意识**　所谓信息道德意识是指一个人在获取、处理、应用、创造信息时要有道德观念,要自觉接受行为准则和规范的约束,要有遵守有关法律、法规、公约的自觉行动。秘书作为信息工作者应该在信息工作中遵守相关法律法规,不出卖企业信息,不制造、不传播有害信息、假信息,不参与违法信息活动。秘书的信息道德既是秘书做好信息工作的前提,也是秘书职业道德的内在要求。

(二)秘书信息意识培养

培养秘书的信息意识是提高秘书信息工作质量的有效途径。秘书提高个人的信息意识主要方法有:

1. **多学**　多学就是加强秘书信息工作知识的学习,不断拓宽知识面,提高秘书信息理论水平。理论来自于实践。秘书信息工作理论、信息工作专业知识是对实践的总结和概括。我们学习这些理论知识,既是一个间接的实践过程,又是一种理论升华的思维活动。通过这些理论知识的学习,可以从根本上提高秘书对信息工作的重要性和必要性的认识。它还使我们熟悉了秘书信息工作的工作原理,掌握了企业管理活动中信息工作的基本规律,从而让我们利用信息去解决实际问题的主动性和自觉性得到增强。所以,加强秘书信息工作理论学习是培养秘书信息意识的捷径。

2. **多看**　多看就是培养秘书敏锐的信息洞察力。信息工作涉及面广,知识性强。面对错综复杂、扑朔迷离的各种信息资料,秘书不可能把所有信息全部接受过来,只能细心的观察。通过敏锐的观察来捕捉各种能为领导决策提供依据和参考的信息。要真正做到不为繁杂的信号所困扰,不为万变的现象所迷惑,能够抓住那些对领导决策有用的东西,这就需要秘书从两个方面来培养这种能力:一是多阅读各类文件和新闻报刊,提高政策理论水平和鉴赏能力。要及时阅读一些各级党政机关的文件,各类新闻报刊和来自基层的简报、信息等;二是多接收来自外界的各类信息,提高社会认识水平及辨别是非的能力。要做到"眼观六路,耳听八方",从自然知识到社会科学都应猎取,力争上解天文地理,下谙世风民情,广泛接收来自各地区、各单位、各部门的信息,深入观察进而作出灵敏的反应,及时向领导提供准确、新颖、适用的信息。

3. **多思**　多思就是培养秘书灵活的信息收集和捕捉能力。秘书不应该只对现实生活中所反映出的情况被动地进行接受和利用。应该主动地、广泛地收集和捕捉信息。在捕捉信息的过程中,一是位置准。要站在领导的位置看问题,多思索哪些是为上司服务的,哪些是为部门服务的,哪些是为一线服务的。要预测到上司决策的需要,主动地对各种信息进行比较。只有这样才能对原始的、零星的信息进行分析、归类,由小到大,由低到高,由点到面,整理出较为完整的信息来。二是内容新。要立足于新,不保留人人都知道的陈旧信息,删除不真实的信息,对一些有疑惑但有价值的信息,结合情况进行查清补充。三是角度好。要突出特色,要针对上司分管工作展开信息工作,以便使上司了解具体情况,增加信息为领导服务的针对性。只有具备了这些超前的捕捉信息的意识,就可以通过不同渠道、不同层次、不同方法、不同人员猎取到各种有用的信息。只要处处留心、广闻博记,就可以挖掘出那些潜在的有用的信息,起到主动服务的作用。

4. **多练**　多练就是培养秘书准确的筛选、整理信息的能力。在日常接触到的信息资料中,有时很难一下子分辨出哪些信息有用,哪些信息无用。有用的和无用的、正确的和错误的、落于俗套和含有新意的、个别的和普遍存在的信息,常常混杂在一起。一些内容对领导决策可能是不需要的,显得多余;一些内容对领导决策是需要的,却叙述不清、显得太少;一些内容甚至是错误、片面的。总之,各种情况都可能出现。这就需要信息工作人员能够熟练的对这些原始信息进行多次分析、识别和判断,去伪存真,去粗取精,增强信息筛选和整理的熟练程度,从众多的一般信息中抓住最有价值的信息。一是筛选细致。信息工作人员要对信息资料加以分析,把一些个别的、零碎的、不系统的信息过滤出去,使模糊度和多余度降到最低限度,以编写出可读可用,符合领导要求的信息。二是整理准确。信息工作人员要经常对筛选出来的信息资料进行有序的、系统的、综合性的融合,通过归纳、排序、分析研究等方法,提炼、推导出一些新的有价值的信息,使经过整理后的信息更加精炼、系统,具有较高的准确性和适用度,能够真正揭示和反映事物的内在联系和内在规律,成为领导决策的依据。

模块二　信息收集与整理

项目一 信息收集

【学习目标】

知识目标

了解信息收集概念、范围。

掌握企业信息收集的方法。

能力目标

能够正确地选择收集信息的方法。

能够完成上司交代的信息收集任务。

能做好日常信息收集工作。

案　例

几年前,浙江省有一个电信计费的项目,某公司志在必得,成立了由公司副总戴英俊为组长的项目小组。秘书嘉欢受戴总指派,到浙江拜访客户并收集信息。她第一次来浙江,谁也不认识,就分别拜访局里的每一个部门,拜访到局长的时候,发现局长不在。到办公室一问,办公室的人告诉她局长出差了。她就又问局长去哪儿了,住在哪个宾馆。马上就给那个宾馆打了个电话说:我有一个非常重要的客户住在你们宾馆里,能不能帮我订一个果篮,再订一个花盆,写上我的名字,送到房间里去。然后又打一个电话给戴总,说这个局长非常重要,已经去北京出差了,无论如何要在北京把他的工作做通。她马上订了机票,中断拜访行程,赶了最早的一班飞机飞回北京,下了飞机直接就去这个宾馆找局长。等她到宾馆的时候,发现她的老总已经在跟局长喝咖啡了。在聊天中得知局长会有两天的休息时间,老总就请局长到公司参观,局长对公司的印象非常好。参观完之后大家一起吃晚饭,吃完晚饭嘉欢建议戴总请局长看话剧,当时北京在演《茶馆》。为什么请局长看《茶馆》呢?因为她在济南的时候问过办公室的工作人员,得知局长很喜欢看话剧。

局长当然很高兴,第二天她又找一辆车把局长送到飞机场,然后对局长说:我们谈得非常愉快,一周之后我们能不能到您那儿做技术交流?局长很痛快就答应了这个要求。一周之后,戴总带队到浙江做了个技术交流,她当时因为有事没去。

老总后来对她说,局长很给面子,亲自将所有相关部门的有关人员都请来,一起参加了技术交流,在交流的过程中,大家都感到了局长的倾向性,所以这个订单很顺利地拿了下来。

事后，项目组的小李感叹说："我们可真幸运，刚好局长到北京开会。"

戴总却说："不是什么幸运，是嘉欢工作踏实，不信你们看看她的笔记本。"说着从抽屉拿出一个小本子，打开一看，里面密密麻麻地记了很多名字、时间和航班，还包括客户的爱好是什么，客户的家乡是哪里，这一周在哪里，下一周去哪儿出差。所有的客户的情况都记在上面。

提示：1. 嘉欢的成功给你什么启示？

2. 假如你是嘉欢，你会怎么样收集信息？

【任务描述】

夏婷应聘远利股份有限公司市场部商务秘书成功。她的上司是市场部经理黄益明。这天黄益明打电话告诉夏婷，公司董事长决定利用本公司在制衣行业的人脉和信息优势进入服装行业。但到底生产什么品种，需要多少投资，他还没有完全定下来。董事长让市场部先收集服装行业的相关信息，写一个介绍我国服装行业基本情况的调查报告，交公司董事会讨论，先给公司董事会吹吹风。如果大家的意见基本统一，那就再委托专门的咨询公司作详细的可行性研究报告。黄经理要求夏婷尽快完成这份调查报告。放下电话后，夏婷打开电脑开始寻找资料。

信息收集是指通过各种方式获取所需要的信息过程。信息收集是秘书信息工作的基本内容，也是信息工作的关键的一步。

在一些商场，有时我们可以看到有人煞有介事地在翻看吊牌，但从来不见他买，其实，这就有可能是竞争对手派出的人，在了解你的产品价格、新品情况和销售情况。这些人员，就是信息收集者。

在市场经济条件下，竞争成为企业生存的常态。知己知彼，方能百战不殆。信息成为了我们展开市场竞争的基础。信息的收集更是重中之重。作为企业员工，要清晰认识到信息的重要性，树立起主动收集信息的意识。秘书更是要肩负起收集信息的重任。秘书收集信息的多少、质量的高低等都直接影响到信息工作的质量，进而影响企业决策。一个企业只有收集了大量正确、全面的信息，领导层才能做出科学的企业发展决策。

案　例

日本政府和企业对信息工作非常重视，有人形容日本人在收集信息方面像梭子鱼一样什么都不放过。的确如此，日本一些大的公司和企业在世界各地都有自己的外派机构，这些机构既是营业点，又是信息收集点。日本最大的企业之一——日本三菱公司就十分重视信息的收集与研究，雇佣了许多人包括外国人，在国内外专门从事商业信息的收集。该公司的信条是：企业的成败在于经营，而经营的关键在于信息和预测。日本索尼公司在20世纪50年代还是一个不起眼的小企业，1953年，该公司总经理盛田昭夫在美国考察时获得了晶体管问世的信息,立即从美国引进该项技术用于收音机和电视机,从而使企业获得了飞速的发展,并跨入了日本公司的前列。日本三井物产株式会社也是日本大企业之一,它蓬勃发展的一个重要因素也是信息。它建立了一个覆盖全球的信息网,每天获取的信息量达5万件以上,世界各地发生的重大政治、经济和贸易信息,三井总部都能了如指掌。

任务一　确定信息收集的方法和范围

市场经济环境下,任何企业每天都要面对生存、发展所带来的种种问题。在今天的商业竞争中,谁掌握了充分的信息,谁就能在商战中掌握主动权。日本企业在世界范围内都有重要影响力和竞争力,与其重视信息工作是紧密相关的。

一、确定信息收集的范围

在现代市场经济条件下,企业所面临的生存环境越来越复杂多变。面对企业周围存在的各类信息,秘书只有明确信息收集的范围和收集重点,才能做好信息工作。

从宏观角度分析,秘书收集信息的范围包括:

(一)企业信息

企业基础资料:企业历史、基本状况简介、规章制度、经营业绩、科研成果、各项荣誉等。

企业概括:包括企业名称、性质、地址、电话及传真、网址、业务范围、主要产品、近年业绩情况。

企业财务状况:包括企业注册资本、负债、盈利状况等。

企业信誉与信用等级情况。

企业背景:企业历史、企业组织结构、股东情况及股东变化、企业领导层及主要领导人情况。

企业经营活动信息:企业开展的各类经营活动动态信息,包括产品研发、生产、上市、销售等环节信息;生产工艺革新、生产设备更新;公关宣传活动、企业文化建设活动等。

(二)合作伙伴信息

企业的合作伙伴主要包括:

为公司提供原材料、技术、能源、生产设备的供应商。

从事公司产品或服务代理、批发、零售业务的销售商。

为公司经营管理提供物流、金融、咨询、市场推广、研发等各项服务的服务商。

秘书应收集企业所有合作伙伴的信息,包括:合作伙伴的企业或组织概括,财务状况、信誉与资信、企业经营状况、企业背景等。

(三)市场信息

企业市场信息包括:

行业信息:公司主要业务或产品所处行业的市场消费动态、供需趋势、各种会展机会、技术发展趋势、价格趋势、产品功能发展趋势等。

本公司产品信息:公司产品基本情况、生产销售情况、市场占有率、消费者满意情况、与同类产品比较等。

客户及消费者信息:客户的资信、经营方式与范围、经营能力、市场营销特点、市场占有率及客户有关背景方面的信息。消费群体基本情况、主要特征、消费时尚、消费趋势等。

竞争对手信息:竞争对手企业基本信息、产品与技术信息、新产品研发、营销战略与特点、重要公关活动等。

案　例

上海万兴生物制药有限公司的企业信息

上海万兴生物制药有限公司创建于1996年,是香港万兴企业有限公司和北京国安电气总公司共同控股的合资企业。公司坐落于浦东新区金桥出口加工开发区,占地2万多平方米,注册资金3 000万美元,总投资6 000万美元。公司拥有通过国家食品药品监督管理局认证的GMP生产车间3 000平方米,全面实行GMP规范管理。是一家以科研为基础,集开发、生产和销售为一体的新型生物制药企业。

公司地址:上海市浦东新区杨高北路4705弄58号　邮编:201206

办公电话:021-58993708　传真:021-58993709

网址:http://www.wanxing-bio.com.cn

E-mail:wanxingbio_hr@yahoo.com.cn(行政人事部)

主要产品:艾夫吉夫、来氟米特、重组人干扰素α-2a、α-2b发展战略:紧紧围绕基因重组蛋白药物筛选开发,依托高校(复旦——万兴生物医药研究中心)这一研究平台,借助其雄厚的科研力量发挥企业本身“中试研究”平台优势,不断开发出具有一定市场前景的创新(一类)药物。根据计划,每年至少要有2~3个创新药物进入临床研究,使企业发展成为一个强大的生物制药“中试研究基地”,并以“酵母”表达系统(重组蛋白药物)为主,基因治疗药物为辅的生物制药企业。

营销策略:综合利用传媒工具,采取针对性营销手段,迅速提升企业形象及品牌知名度。

整合营销传播推广计划:

(1)企业产品推广—FAB法则

F—feature(因为)特性—万复洛(罗)是酵母分泌型新一代干扰素。

A—advantage(具有)优势—生物活性高、低素、低热原的优点。

B—benefit(产生)利益—疗效好,副作用小,质优价低。

(2)企业广告语:万兴生物,关心您一生的健康!

(3)媒体宣传包括电视、广播、报刊的专题科普教育。

(4)面向患者的防病治病手册;面向医生的用药治疗手册。

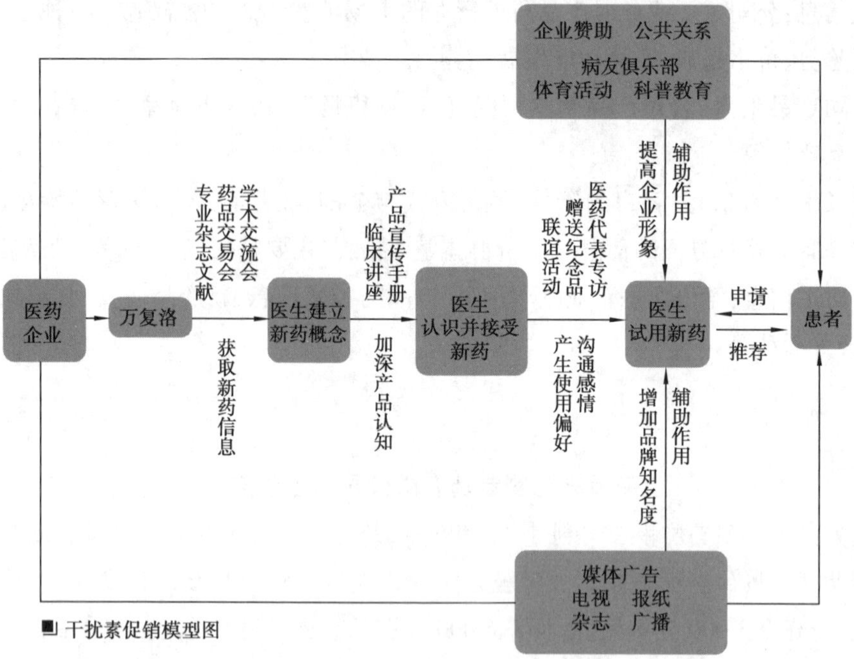

图 2-1

研发战略:上海万兴生物制药有限公司作为一个以生物技术新药研究、开发为主的高新技术企业,通过企业化的科研管理,系列化的产品研发,全方位的科研项目技术合作、技术转让、技术服务,实现社会效益和经济效益。①以知识产权为根本;②以市场为导向;③技术的先进性与可行性相结合;④短期利益与长期发展相结合。

企业文化战略:

目标—世界一流的生物技术企业

创新—我们的灵魂

真诚—我们的作风

卓越—我们的追求

(四)法律政策信息

任何一个公司都必须在国家有关法律和政策下开展经营管理活动。正确理解和执行国家法律法规,充分利用国家政策,既能够保障企业利益不受侵害,又能改善企业与政府公共关系。秘书不仅要收集我国现有的法律、政策、规定,还应注意收集与公司有业务往来的公司所在地的法律政策。

(五)宏观经济金融信息

随着我国外向型经济不断发展,我国企业参与国际商务活动日益频繁,我国经济与世界经济关系日趋紧密。2008 年因美国次贷危机导致的世界金融危机也严重影响我国经济发展。在长三角、珠三角等区域,很多从事对外贸易的中小型企业纷纷破产。10 月,一些大型公司也出现企业破产、老板出逃的情况。现代企业发展与世界经济局势已经密不可分,因此秘书应收集国内外宏观经济信息和金融信息。经济信息包括宏观经济动态、国家经济政策、经济发展导向等。金融信息包括国内外金融动态、外汇汇率变化、国际国内证券市场行情、贸易对象国利息汇率、投资、信贷信息等。

(六)交际活动信息

凡是企业领导要参加的各种交际活动,秘书都要及时掌握有关方面的信息。要迅速掌握会见活动的内容、时间、地点、具体要求等情况;设法掌握对方背景材料、生活习惯、饮食特点、嗜好、忌讳等情况,明确上司对这次会见的指示或批示。

案　例

丽莎是某制药公司总经理秘书。公司这几年抓住机遇,发展迅速,年营业额已超过2亿元。这天上午总经理正在召开人力资源专题办公会议,公司市场部经理林平给丽莎来电话了:

“丽莎,你好!我是市场部林平。”

“林经理,您好!”

“老板这几天能有时间吗?砺剑广告公司的余总想过来拜访他,一起吃顿饭。”

“老板开完会后,我问一下老板的意思,回头给你电话。你看可以吗?”

“谢谢!”对方放下电话。

总经理散会后,丽莎马上把林平的意思告诉总经理。

总经理想了一会后反问丽莎:“你看我有必要见这位余总吗?”

“?”丽莎不知如何回答是好。

请思考:丽莎的问题出在哪里?丽莎应该怎么做才比较适当?

二、秘书信息收集的重点

秘书的信息收集范围比较广泛,因此在实际工作中,秘书必须根据自身所处企业的组织规范程度、规模大小、岗位职责等来确定信息收集的重点。秘书在把握信息收集重点时,必须围绕服务上司展开信息收集。

(一)与上司业务有关的信息

秘书应围绕上司中心业务工作(即上司所分管的工作)收集信息,服务上司决策。对于组织管理比较规范、结构健全的企业,信息收集的任务会分解到具体的部门。比如发展战略部负责收集与公司发展相关的政策信息、行业信息等;市场部负责收集市场信息、消费者调查等;研发部收集有关新技术的信息。因此,秘书根据所服务上司的中心工作开展信息收集,重点突出,能提高信息收集的效率和质量。

(二)上司交际活动信息

秘书收集信息的另一个重点是上司交际活动信息。为上司安排交际活动是秘书工作的一个重要内容。在“人情即商情”的现代社会,老板的人脉范围将直接影响到其“财脉”的发展,而作为老板或上司的左膀右臂的秘书,当之无愧地应为老板安排商务宴请、大小活动。在安排上司交际活动中,为上司收集相关信息,能提高交际活动的针对性、有效性。

秘书要做好为上司交际活动收集信息工作,必须在日常生活中做有心人,注意积累诸如各类餐厅位置、特色、环境特点等日常信息。

【职场吹风】

2007年4月7日中午11点,咕嘟妈咪“e流秘书会所”开通典礼——首届秘书试吃暨秘书会员推荐餐厅发布会在环境幽雅、颇具古典欧洲风格的申粤轩(中环广场店)正式揭幕。活动现场,10位不同行业的公司秘书会员齐聚一堂,亲历这个新兴的秘书会员活动。此外,出席本次活动的嘉宾还有餐饮店的经营者。

在“人情即商情”的现代社会,老板的人脉范围将直接影响到其“财脉”的发展,而专门为老板安排商务宴请、大小活动的秘书们,也当之无愧地成为老板或上司的左膀右臂,当然,这同时也意味着他们要更多地为找餐厅、订位子等琐事而费心。

基于这样的情势,咕嘟妈咪网站推出了全新的秘书会员俱乐部——“e流秘书会所”。通过聚集沪上优秀企业的秘书以及从事秘书工作的会员,为其提供关于商务宴请等信息收集、餐饮店介绍等服务,为秘书会员的工作带来诸多便利。可以说,“e流秘书会所”是一项为从事秘书行政工作的人员量身定制的服务。

每个秘书原本对某一家餐厅见仁见智,如今,咕嘟妈咪通过“e流秘书会所”这个平台将他们汇集到一起,不定期地邀请他们对各家餐厅的菜品进行试吃活动。在试吃会上,秘书们可以畅所欲言,将自己对这家餐饮店的意见表达出来,咕嘟妈咪通过对这些宝贵的意见进行汇总,并提供给这些餐饮店。那么对餐饮店来说,这无疑是改善自我、提升自我的最佳意见指南,可以借此不断改进自己的菜品以及经营水平,为自己赢得更多的客源。而对于广大秘书,他们也可以从中感受到自己的意见得到了极大的尊重,这样就可以在秘书会员、餐饮店以及咕嘟妈咪之间产生联动的良性循环,一方面,有效传达了咕嘟妈咪是“餐饮店的支持者”这一服务宗旨;另一方面,也为秘书提供了一个良好的平台,不仅使他们在安排商务宴请、找餐馆定位子等事务上有了更多可供参考的意见,同时也得到了一个与同行分享经验、交流工作心得的机会。

三、秘书信息收集的方法

案　例

小毛是巨州市移动公司总经理办公室秘书。今天上班,分管客户服务的余副总交给小毛一个任务。最近公司客服部接到的客户投诉比较多,余副总要求小毛收集一下客户对公司的意见,并根据客户意见提出整改方案,提交公司总经理办公会议讨论。

请问秘书小毛可以用什么方法来收集客户对公司的意见呢?

秘书在信息收集时,应根据所收集的信息的分布范围、流通渠道以及实际收集过程中人、事、地的不同采用不同的收集方法,主要包括:

（一）观察法

观察法是指人们直接用感官或借助其他工具认识客观事务，获取信息的方法。观察法是收集、获取信息的最基本方法。秘书在采用观察法收集信息时，往往要通过亲自到现场，借助听觉视觉或录音机、摄影机、摄像机等记录客观对象的活动。

（1）观察法的优点：

方法简单、灵活；

获得较为客观的第一手信息材料；

适用于对环境、人事、事件实际状况的了解。

（2）观察法的缺点：

不易收集到深层信息；

获得信息量有限；

观察效果受秘书观察能力的影响。

它适用于新产品的宣传和促销及跟踪调查，有利于掌握客户对新品的第一感觉和评价，以便及时回馈相关信息。

（二）阅读法

通过阅读书刊、杂志等，从中获取信息。书刊、杂志等公开出版物是目前人们运用最普遍的信息载体，兼有宏观信息和微观信息，信息周转快。

（1）阅读法的优点：

获取信息方便；

获得信息量大，适用性强；

能全面提供工作需要的参考信息。

（2）阅读法的缺点：

书刊，杂志的信息来源多，信息可能失真，有杂质；

需要筛选，判断信息的真实性。

【职场经验】

秘书每天都要传送、处理各种各类的文件和信函。一个公司有可能同时订阅所有定期发行的杂志、报纸。因此，秘书在办公室工作中要留心收集信息，一旦发现有用的资料，马上加以标记。

在浏览杂志的时候，发现里面有感兴趣的东西，就用红铅笔在底下画上波浪线，或者把它剪下来，贴在没有保存价值的旧杂志上。如剪下来的很不规则，也可以贴在16开的复印纸上，一定要把杂志的名称和日期记下，如果杂志本身还有价值，不应随便剪坏，可以把其中所需要的内容复印下来。在这一过程中应该注意：

1. 不好剪贴就复印 有些内容比较重要，想把它剪下来却又舍不得，因为这一版都有用，剪下这一篇会破坏整个版面。遇到这种不能剪的情况就复印。

2. 剪报要利于通读 比如日本报纸的排版都习惯竖排,读的时候从右到左。这一段结束后,下一段又是右到左。如果在上一篇的分段处正好接着下篇的开头,稍不注意,在剪报时很容易就把一篇文章的结尾处丢掉。另外还要注意把那些附在旁边而又没有关联的文章剪掉,以便于阅读。

3. 摘记 即利用手册或卡片,将欲保存的信息资料整理摘录下来。采用摘记的方法收集资料要注意摘抄准确、内容简要、妥善保存、便于查找。

4. 标记重点 由于秘书从报纸杂志上收集的情报内容都是一般的,而老板看时并不一定都会那么仔细,在忙的时候,甚至用眼睛扫一下标题就过去了。所以秘书现在的责任就是把重要内容用记号笔画上重点线,以引起他的注意。

5. 说明和注释 对于那些篇幅较长的文章,特别是国外杂志上与本公司有关的最新报道,一定要在文章旁边加几行提纲挈领的说明文字,遇到一些新名词和英文缩写,要加以必要的注释。

6. 记录 秘书在日常的工作中有没有意识到会议上上司或有关人士的发言、指示、建议或意见都是很有代表性的,只要将这些东西记录下来,加以分析整理,就可提炼出有价值的信息。

(三)询问法

询问法是秘书通过提问请对方作答来获取信息的方法,是询问者意图完全公开的一种方式。询问的形式有人员询问、电信询问、书面询问。人员询问是进行面对面交谈获取信息;电信询问是借助于电话和传真等信息传递工具收集信息;书面询问是根据信息需求,设计制成有一定结构的大纲或统一格式的问答调查表收集信息。

(1)询问法的优点:

应用灵活、实用;

直接交流、互动沟通;

能获得大量有价值的信息;

能获得语言信息和非语言信息。

(2)询问法的缺点:

要求秘书具有一定的素质和能力,能很好地运用询问技巧;

书面询问较复杂、难掌握;

费用较高、时间较长、规模小。

(四)问卷法

问卷法由收集者向被收集对象提供问卷(精心设计的问题及表格)并请其对问卷的问题作答而收集信息的方法。

(1)问卷法的优点:

避免主观偏见,减少人为误差;

节省时间、人力和经费、效率较高;

收集的信息便于定量处理和分析。

(2)问卷法的缺点：

问卷的回收难以保证；

问卷的质量难以保证；

要求被调查者具有一定文化水平。

(3)问卷的结构：

封面信：说明调查者身份及调查内容、目的、意义；说明选择调查对象的方法和对调查结果的保密措施。

指导语：对填写问卷的要求、方法、注意事项等作总体说明，一般以填写说明的形式出现。

问题和答案：是问卷的主体。包括一般问题、主要内容、敏感性或复杂性问题、个人基本状况。

其他信息：调查者姓名；被调查者姓名、地址、电话号码、问卷发放及回收日期等。

(4)问卷的类型：

封闭式问卷，又称固定式问卷。它的答案是固定的，只能在规定的几个答案中进行选择，选定的答案打"√"。

例如：您喜欢哪一方面的书籍？

□政治理论 □科学技术 □文学艺术 □企业管理 □其他

开放式问卷：又称自由式问卷。它没有固定答案，可自由回答问题。

例如：您选购商品时考虑的因素是什么？

您对家中使用的洗衣机哪些方面不太满意？

(5)问卷法的步骤：

问卷设计。

试用和修改：问卷设计出来后，可进行小规模试用，从中发现问题，进行修改，以保证收集到高质量信息。

选定问卷的调查方式：问卷制好后要确定调查形式。

问卷调查的形式有：

报刊问卷：在报纸和刊物上公布问卷；

邮政问卷：通过邮局把问卷寄出，对方回答完后按指定地址寄回；

发送问卷：把问卷直接分发，对方立即填写，调查者直接回收问卷。

对信息进行统计分析

案 例

巨州移动通信有限责任公司调查问卷

同志：您好！为了解巨州移动公司服务工作中存在的不足，为客户提供更好的服务。我们拟定了旨在改进服务管理与提高服务质量的调查问卷，希望听取您对移动公司服务改进的意见和建议，敬请您给予配合并认真填写，非常感谢您的支持与合作！

一、被调查者基本情况(请在与您对应的方框中打"√")

居住区域:□城市 □县城 □乡镇 □农村

年龄:□20岁以下 □21~30岁 □31~40岁 □41~50岁 □51~60岁 □60岁以上

性别:□男 □女

文化程度:□高中以下 □高中 □大专 □本科 □本科以上

职业:□行政机 □事业单位 □企业 □自由职业者 □农民 □学生 □其他

被访者是移动哪一类的用户?

A. 全球通 VIP 用户 B. 全球通普通用户 C. 神州行智能网用户

D. 神州行签约用户 E. 动感地带 F. 集团用户

被访者平均每个月的话费支出:

A. 50元以下 B. 50~100元 C. 100~150元 D. 150~200元

E. 200元 F. 300元以上

二、调查问题

1. 您对移动公司营业厅的服务感到满意吗?

A. 非常满意; B. 比较满意; C. 不太满意; D. 不满意

2. 您对移动公司1860的服务感到满意吗?

A. 非常满意; B. 比较满意; C. 不太满意; D. 不满意

3. 您对移动公司的投诉受理服务满意程度如何?

A. 非常满意; B. 比较满意; C. 不太满意; D. 不满意

4. 您对移动公司的业务宣传资料满意程度如何?

A. 非常满意; B. 比较满意; C. 不太满意; D. 不满意

5. 您对移动公司的网络质量感到满意吗?

A. 非常满意; B. 比较满意; C. 不太满意; D. 不满意

6. 您对移动公司推出的业务内容感到满意吗?

A. 非常满意; B. 比较满意; C. 不太满意; D. 不满意

7. 您对移动公司向您提供的缴费服务方式感到满意吗?

A. 非常满意; B. 比较满意; C. 不太满意; D. 不满意

8. 您对移动公司推出的话费优惠措施感到满意吗?

A. 非常满意; B. 比较满意; C. 不太满意; D. 不满意

9. 您对移动公司提交给您的话费账单感到满意吗?

A. 非常满意; B. 比较满意; C. 不太满意; D. 不满意

10. 您觉得"移动公司发给您短信,提醒您尽快交话费"这种作法对于您及时缴费,保证手机顺畅使用帮助大不大?

A. 非常有帮助; B. 比较有帮助; C. 不太有帮助; D. 一点帮助也没有

11. 对于移动公司的积分回馈活动,总的来说,您的满意程度如何呢?

A. 非常满意；　B. 比较满意；　C. 不太满意；　D. 不满意

12. 若您是 VIP 客户，您对移动的大客户服务感到满意吗？

A. 非常满意；　B. 比较满意；　C. 不太满意；　D. 不满意

三、您对巨州移动公司服务工作还有哪些宝贵的建议和意见，请简要予以陈述。

____

____

(五)网络法

网络主要指以因特网为核心的计算机通信网络，它是以资源共享为目的，使用同一协议，通过数据通信信道将众多计算机互联而成的系统。网络所提供的信息服务有电子邮件服务、远程登录服务、文件传送服务、信息查询服务、信息研讨和公布服务等。

(1)网络法的优点：

信息时效性很强；

最新信息补充及时；

收集信息迅速、广泛；

收集信息不受时间、地域的限制；

能收集文字图表信息和声像信息。

(2)网络法的缺点：

信息来源复杂，有大量未经核实的信息和信息垃圾；

需要掌握计算机知识。

(六)交换法

交换法就是将自己拥有的信息材料与其他单位的信息材料进行交换。秘书可通过交换信息的方式获得有关的信息，特别是与业务频繁的企业建立稳定的信息交换网络，在信息上互通有无。

(1)交换法的优点：

实现彼此间的信息共享；

获得信息及时、适用；

节省信息收集时间；

可临时交换各自感兴趣的专题性信息；

可根据需要，商定交换信息的方式、内容，期限。

(2)交换法的缺点：

信息交换建立在自愿、互惠的基础上；

要注意信息保密问题；

交换信息的范围窄。

(七)购置法

包括订购、限购、邮购、代购等。主要购买与收集信息目标有关的数据、报刊、专利文献、磁带磁盘。

(1)购置法的优点：

相关信息比较集中；

许多出版机构和书店都有订购业务；

获得大量系统化、专业化知识信息。

(2)购置法的缺点：

费用高，花费时间和人力；

要从大量信息中筛选有价值信息；

信息要经过真实性鉴别以后利用。

四、秘书收集信息的技巧

(一)熟悉上司

作为助手，秘书必须熟悉自己的上司，这是做好秘书工作的前提，也是做好信息工作的前提。只有这样，你才能做到有的放矢。

在日常工作中，秘书不仅要了解自己的上司主管哪些工作，分管哪些部门，而且要了解上司目前最关心的是哪些问题，工作中有哪些新的打算，等等。只有这样，秘书才能把握自己收集信息的重点，当上司需要的时候，就可以及时给上司提供相关信息。

那么，秘书怎样才能知道上司当前工作的重点呢？对于这类问题上司一般都不会有明确的指示，只有靠秘书自己去观察，去琢磨。通过留心观察，大概掌握上司工作的重点，对于一个经验丰富的秘书来说，这应该是一种职业本能。

(二)广闻博见

要想做好收集信息工作，归根到底就是要勤奋工作，多听多看。由于秘书所处的地位特殊，因而很容易收集到各种各样的信息，不过，这些信息的可信度如何？有没有实际价值？这就要靠秘书的判断力来判断，而这种判断力实际上就是秘书水平和素质的表现，它扎根于秘书平日的多听多看。秘书做好信息工作的窍门就是平时多看、多听、多问，抱着“三人行，必有我师焉”的谦虚态度。

(三)取得同事配合

信息收集工作是一项复杂又庞大的工作，如果光靠秘书一个人，肯定很难做好。单就各种文字信息而言，秘书要将各种报纸杂志从头到尾看一遍都看不过来，何况还要对它们进行整理。所以，秘书从事收集信息工作，如果不与各部门同事配合，取得他们的帮助，那就很难满足上司的需要。

为了取得各部门同事配合，秘书要有一种诚恳谦虚的态度。不管是谁，只要掌握了“信息”，秘书就要虚心向其请教，只有这样，才能得到他们的信赖，他们才会知无不言、言无不尽，且言之有物。

当然，在收集信息过程中，秘书光有谦虚的态度还不行，如果不能互通有无，总让对方单方面为你提供“无偿服务”，那这种状况也不可能长期维持下去。因此，只要不违反保密规定，你也可将自己收集的信息提供(复印或用电子邮件的方式)给那些为你提供信息的部门或个人,并且将他们提供信息所产生的作用特别是上司对这些信息的评价告诉他们,使他们能对自己的工作成绩和工作意义有一个全面的评估。

任务二　了解信息收集的渠道和原则

一、秘书收集信息的渠道

在信息收集上,我们要消除两个误解。一种是畏难情绪,认为信息特别是重要信息是人家宝贝,被看管得很严,我们收集不到有价值的信息。另一种是间谍意识,认为信息的收集人员,要像那些政治或者军事间谍一样,不择手段,偷盗抢骗。这两种误解都是不可取的,信息收集的渠道有很多,而且都是合法、正当的。

根据信息的扩散方式,可将信息的收集渠道分为正式渠道和非正式渠道。

(一)正式收集渠道

1. 公共传播载体　在当代,大量市场情况和动态的信息是通过出版发行系统、广播影视系统和互联网公开传播的。因而从图书、杂志、报纸、广播、电视、互联网、行业协会出版物、会议文献、技术报告、产品标准及样本及有关单位赠阅的资料信息中获得信息,是我们收集信息的极其重要的途径。

公共传播物辐射面宽、信息含量大、时效性强。如电台、电视台多数都有经济节目,可供大量的商务信息,还有新闻、科技、广告等节目,通过收听、收看、录音便可从中收集有价值的信息。

随着越来越多的企业建立网站、或是开展网上营销和促销活动,收集信息工作变得更为方便,更富成本效益。在竞争对手的网站上通常都有着丰富的信息内容,首先值得一读的是其新闻发布稿。一般企业的新闻发布稿内容详尽、丰富,若能接触到原始材料,会有助于你从中收集"可操作的信息",从而得出可靠结论。利用搜索引擎,借助企业网站,你可以轻松获得有关企业的许多最新数据。随着互联网的发展,它已经积累了一个比较完整的信息链,利用互联网收集信息已成为企业信息工作的重要内容。

随着新技术手段的不断发展,企业还可以从数据库,尤其是商情数据库得到所需要的信息。目前国内外有许多此类数据库,如:《中国企业、公司及产品数据库》、《中国百万商务通信数据库》、《中国经济信息数据库》、《中国科技经济新闻数据库》、《中国科技成果数据库》及国外的 DIALOG、ORBIT、ESA IRS 等。

案　例

丽娟是一家奶制品公司的办公室秘书,她定期会对本市其他牛奶企业的网站进行查询。一天,她在本市另一家大型牛奶企业的网站上看到一则该公司将在下周举行的本市农业博览会上举行促销活动和新产品发布。她立即将这一消息汇报给总经理。公司立即召开研发中心和市场部会议，决定调整自己的博览会的展览方案，并决定把原计划下月初举办的新产品发布会提前到博览会前一天晚上举行。

2. **各种社会活动** 参加企业相关的招商会、展览会、交流会、学术会议，以及企业举办的技术鉴定会、订货会、新闻发布会等，可能获得：工商会资料，交流会和学术会议资料，企业的广告、产品介绍、产品样本等。

3. **向有关单位索取资料** 有些信息并非都载于大众化的出版物上，需要通过派人磋商或发函联系等方式才能获取，这可以是无偿的，也可以是有偿的。如国内外企业的产品样本、产品说明书、产品介绍、企业内部刊物、实物样品等。有些企业为了宣传产品，推销产品，扩大企业影响，往往愿意免费赠送有关资料。许多单位之间建立了市场资料的相互交流制度，这样的交换可使双方互通有无。

4. **专利文献** 专利技术是一个国家、一个企业在竞争中取得技术优势、立于不败之地的有利武器，同时专利情报也是企业竞争情报中必不可少的一部分。

当前，市场竞争的焦点既是技术和服务的竞争，也是专利的竞争。据统计，世界上发明创造成果的90%以上都能在专利文献中查到。因此，公开出版的专利文献已成为企业获取竞争情报的一个重要来源。

企业既是市场竞争的主体，也是技术创新的主体。市场竞争归根结底是高新技术的竞争，谁拥有高新技术专利，谁就能占据市场竞争的优势，占领并赢得一方市场。而通过查找专利信息，企业可以了解某一项技术的市场前景和潜力，潜在的竞争对手及其市场地位、技术水平等信息，用来预测企业未来的研究方向及市场定位。因此，企业必须制定专利信息战略，借助专利信息，及早发现萌芽技术，尽快开发出优于现有技术产品的新产品、新工艺，抢先投放市场，争取竞争的主动权。同时，应注意分析竞争对手的专利保护范围，绕过或冲破竞争对手的技术垄断，取得自主专利权，从而保持市场竞争优势。

据世界知识产权组织统计，如能充分利用专利文献，首先可以节约40%的研究开发经费，少花60%的研究开发时间。因此，企业在科研立项、新技术和新产品开发前，应该进行专利文献的查新检索，这样可以解决科研、生产过程中的技术难题，启迪科技研究和开发人员的创新思路，提高研究开发起点，避免低水平的重复研究，节约新产品的开发时间和经费；其次，可以作为技术引进的决策依据，积极开展专利许可贸易，走引进创新之路；另外，在开展对外技术贸易时，可以查清引进技术的法律背景，争取技术判断的主动权，避免技术引进的盲目性，节约技术引进的开支。

【职场吹风】

由于专利权具有时间性，在专利技术贸易中要特别注意卖方所拥有的专利权的法律状况，以免对过期失效的专利支付冤枉钱，吃亏上当。有时在一份专利许可合同中，可能包括多项专利，而每项专利的有效期又可能不相同，此时支付的使用费数额要根据有效期的长短分别计算，对专利权终止或无效的专利，应随时停止支付专利使用费，在这方面国内已有教训。某汽车企业和A国达成合资经营协议，对方以技术作价入股，其中有专利97

项。事后我方人员到国家知识产权局专利文献馆一查,惊呼上当:对方作价入股的97项专利中,有多项已过期,4项当年到期,13项刚申请专利。按法律规定,过期专利可以无偿使用,当年到期的,来年可以无偿使用,刚申请的,还不能作为专利技术。但这时协议已签,木已成舟。

5. 竞争对手的公开资料 竞争对手的许多公开资料,如企业广告、产品说明书、产品报价单、企业简介、企业刊物、企业年报、企业领导讲话等,表面上看没有什么机密可言,但认真分析与研究,同样能发现许多有价值的信息。以许多企业铺天盖地的招聘广告为例,这些广告在常人眼中可能一闪而过,但经过信息人员精心分析、提炼,有可能发现价值不小的信息。

案 例

美国MC通信公司在开展电子邮件业务之前几个月,打出要招聘数名通信工程师和工人的广告。该公司的竞争对手在研究分析这一广告之后,确认这个公司招聘人员正是因为他们有拓展业务的计划,从而采取了先发制人的应对措施。

因此,一些企业信息人员特别注重研究竞争对手的CI手册、员工手册、企业法规、内部刊物、公关文稿、互联网发布的信息、重要领导人讲话和文章等,从中收集到有价值的信息。

(二)非正式收集渠道

1. 建立人际网络收集人际信息 人际信息指通过人际交往获取的信息或别人告诉你的信息。当你的销售人员中的某人告诉你一家企业可能出售分公司,这是人际信息。你在聚会中听到你的竞争对手换了新经理,这也是人际信息。据对一些中小企业的经理的调查,了解他们获取信息的方法,结果显示绝大部分经理人把人际信息看作信息的重要来源之一。获取人际信息的方法包括交谈、询问、采访等方式。

对竞争对手有利的信息泄露很大程度上是由企业员工无意中透露的,如他们在接受采访、参加会议、发表著作,甚至日常生活中皆有可能泄露企业的敏感信息。因此,建立人际网络,有意识地接触竞争对手的雇员,与竞争对手的经理、技术人员、职员交朋友,便能以非常自然、巧妙和令人舒服的方式从对方口中获取更多信息。通过人际网络获得的信息,许多细节往往具有重要的价值。

案 例

李毓是一家藤器制品公司的总经理。最近几年公司业绩一直下滑,藤器家具市场空间越来越小,李总整天为此烦恼。一天,他去看望刚从国外回来探亲的老同学。在老同学家里,看到一幅老同学在国外的照片,照片里四方形的编织篮里铺着垫单和被子,一只狗正在睡觉。与老同学聊天,才知道西方一些国家很喜欢养宠物,但是人们却经常为如何在居室里安置宠物而烦恼。李毓突然意识到自己公司发展的出路了:发挥自己生产藤器制品的优势,生产宠物居具,既让宠物舒服,又使居室得到美化和整洁。他立即让人制作几款样品交给老同学带到国外。很快他收到了美元的订单。

2. 通过第三方获取信息 所谓第三方是指与企业发生联系的组织和个人,包括广告商、供应商、经销商、企业主管部门、银行、咨询机构、证券商、行业协会等。由于业务上的联系,他们了解企业的发展战略、资本结构、产品结构、销售渠道乃至经营状况等各方面的情况。第三方通过发表谈话,参加各种活动,接受采访等能释放出大量与企业有关的数据。尤其是许多公司的大客商既买该公司的产品也买竞争对手的产品,随着利益统一体时代的到来,厂商之间是“肝胆相照,无话不说”,客商对厂家的底子了如指掌,尤其是在产品性能、价格、网络等方面更是一清二楚。因此,询问关键客商,建立客商信息交流反馈机制,是获取信息的重要捷径。

客户是不可忽视的第三方。企业之间的竞争,就是市场竞争,归根结底是争夺用户。因此,企业往往将一些重要的信息让用户知道,如某些产品的技术关键、特性。客户成为了解竞争对手信息的重要渠道。

3. 收集权利人疏忽泄露的信息 比如竞争对手的图纸、文件、软盘等涉及商业秘密的材料因保管不善而流失在外,含有商业秘密的工业垃圾、文字垃圾未经特别处理被你捡走,竞争对手在向顾客介绍产品或向参观访问者介绍信息时不慎泄露了自己的信息等。

4. 人才流动中的信息 从现代企业发展的角度看,企业发展很大程度上是依赖知识、依赖人才的。然而,人才合理流动是市场经济发展的必然结果。因人才流动而发生企业信息丢失事件也是常有的。因此,从竞争对手那招聘人才是获取信息的一个重要方式。

5. 通过反求工程 反求工程是指通过对市场上销售的产品或其他合法渠道取得的产品进行解剖分析,从而获得产品技术秘密的一种方法。在商品同质化愈来愈高、品牌模仿能力愈来愈强的今天,“各领风骚三五月”已成为中小品牌企业扎根市场、快速致富的普遍想法。他们通过拆卸、检查、化验、学习竞争品牌的产品、熟悉其材料、成本、工艺等经济、技术信息。这样的做法事半功倍,大受企业青睐。

案 例

科罗拉多州的先进动力设备公司刚刚宣布一项新的专利产品——一种减速齿轮时,便接到50多份订单,每份只买一两件,订单大部分来自竞争对手;柯达公司的人员曾开玩笑,说至少有两家公司总是要买柯达公司昂贵的复印机,一是施乐,二是IBM。他们买复印机的目的是为了进行逆向分析。

6. 通过参观或学习获取情报 最可靠最真实的信息来自最贴近、零距离式的参观或学习,以此知悉并掌握竞争对手的生产规模、制作程序等。参观主要以投资考察或寻求合作的方式进入竞争对手的防范区,获得敏感信息;学习则以技术交流或派“实习生”的方式,“交流学习”到一些重要技术或秘方。

7. 委托收集 有些单位或部门的内部资料,通过交换或直接购买都不能得到,这时可以委托给一些咨询公司或个人。

案 例

“麦氏咖啡”在进入中国市场之前,委托广州市场研究公司对其产品销售进行调查。

调查报告指出：中美两国人饮咖啡的习惯不同，中国人即冲即饮，且喜欢加糖；美国人喜欢煮食，且不加配料。麦氏公司根据调查，迅速推出三合一的速溶咖啡，一炮打响。

二、信息收集的原则

信息是企业决策的基础和依据，是竞争的先导，是制胜的法宝。信息收集要有目的、有计划、有组织地进行，并遵循以下原则：

（一）针对性原则

在发达的商品经济条件下，信息存在的范围极广、内容复杂、形式多样，而企业在某一时期的信息需要总是特定的、有限的。如果信息收集工作没有明确的方向，毫无边际地漫天撒网，就会白白浪费人力、物力、财力，因此，我们的信息收集工作，应当从企业的实际需要出发，针对其当前和今后一段时间内的科研、生产、市场经营活动的需要，按照各种不同专业和课题特点，有目的、有选择地进行。只有这样，才能把有限的人力、物力、财力用在最需要的地方。

（二）及时性原则

市场情况瞬息万变，在市场竞争中开展经营活动的各个企业，耳目是否灵通，对市场的变化反应是否敏捷，能否及时地抓住各种有利机会并迅速地采取相应的措施，直接关系到竞争的成败和整个企业的兴衰。因此，开展企业信息收集工作要有高度的时间观念，一旦发现与企业有关的信息线索，就应立即追踪，迅速获取。只有这样，才能及时地满足企业的信息需要，使企业能适时地做出各种相应的决策，在竞争中立于不败之地。如果我们的市场信息反应迟钝，行动缓慢，经常提供一些过时的市场信息，就会使企业因决策落后于市场变化的形势而在竞争中失败，甚至遭遇到破产的命运。因此，日本经济信息专家古场常昭在《技术情报收集和应用》一文中这样强调："往往有这种情报，一个准确程度百分之百的情报，其价值还不如一个准确程度百分之五十但赢得了时间的情报。特别在激烈竞争之际，企业采取对策慢了一步，就可能遭毁灭性的命运。"

（三）可靠性原则

可靠性是信息收集过程中必须严格遵循的一条基本原则，它要求收集各种数据、图表、描述性资料或是检索文献等，都必须确实有据，要坚决剔除捕风捉影的传闻或假信息，否则，将会使用户深受其害。这是因为收集市场信息是为了给企业的决策提供可靠依据，如果信息不准确，就可能导致企业决策失误，经营遭到失败。因此，我们的信息收集工作必须力求准确可靠。我们不应忽视各种道听途说的消息，但也不可把它们都当作可靠的信息，而只能把它们作为线索顺藤摸瓜地追寻这些信息的确实来源。对于所获得的每一种情报，尽可能地弄清楚它的出处、产生时间和具体情况，取得必要的旁证，才能较充分地保证市场信息的准确性。

【职场吹风】

有专家建议，对于信息的可靠性，可以从以下几个方面进行考察——

提供信息的人。信息提供者是知名人士还是一般人?是熟人还是陌生人?是内行人还是外行人?在通常情况下,知名人士或权威人士提供的信息较一般人提供的信息准确,熟人比陌生人提供的信息准确,内行人比外行人提供的信息准确。

获取信息的渠道。一般来说,通过正式的信息传递渠道得来的信息可靠性强,一些非正式渠道的小道信息的可靠性较差。

提供信息的单位。一般来说,信誉较高的单位所提供的信息差错率较小,而信誉较低的单位所提供的信息差错率较大。

信息资料的内容。凡是内容翔实有据、证明充分的信息资料,就是可靠的,反之,则是不可靠或可靠性较低的。

信息资料的虚实度。就一般情况而言,各种信息的准确程度可排列为:标准文献 > 图纸 > 实验报告 > 科技论文 > 专利文献 > 图书 > 科普文献 > 新闻 > 广告 > 传闻

信息反映对象的层次和程度。就是说要区分反映客观过程不同层次的各种情报。一般来说,论可靠程度,反映全过程综合结果的最终报告要比中间报告或阶段报告高一些。

信息的密级。一般来说,信息的密级是与其可靠性和价值一致的,信息的密级越高,它的可靠性和价值就越高。但这只是相对而言,更不能反推,不能说公开的信息就不可靠或可靠性必然低。

以上各条都只具有相对的意义,其中任何一条都不能单纯作为绝对的衡量依据,只有从这些方面进行综合的考察,才能对各种信息的可靠性做出正确的判断。

在信息活动中,要特别注意坚持及时性与准确性的统一。这是信息自身价值的客观要求。因为在信息诸要素中,其价值因素占主导地位,而及时性和准确性是衡量信息价值的两个最基本条件。信息的及时性和准确性是不可分割的,必须并重兼备,既不能为抢时间而忽视准确性,也不能为求准确而延误时间。只有二者统一,既及时又准确,才能极大地发挥信息效能。当然,及时与准确又是相对的,因为信息的产生,要受到诸多因素的限制,所以绝对的及时和准确在通常情况下是较难实现的,一般情况下,应快准并重,在准的基础上尽量实现快速及时,力求既快又准,既准又快。

(四)系统性原则

系统性原则是指所搜集的情报不能是片面的、支离破碎的,而必须是比较全面的,具有内在联系的。一方面从信息收集的总体看,决不可孤立地去获取某一方面或片段的信息,而应当系统地收集企业决策所需要的不同方面、不同层次的信息,从而为企业进行各种决策提供比较充分的信息依据。另一方面,就每一种具体问题的信息来说,也应当避免片面性,只有系统地去收集有关这一问题的历史、现状和变化趋势的信息,才能比较全面地把握这一问题的本质和规律。

(五)道德性原则

信息工作是在一定的理论基础上进行的科学创造工作,不是商业间谍活动,在收集信息时应注意到不要违反道德准则。

项目二 信息整理

【学习目标】

知识目标

了解信息分类、筛选和校核的程序。

掌握信息分类、筛选和校核的方法。

熟悉信息筛选的内容、校核的范围。

能力目标

能正确进行信息分类。

能根据需要合理地筛选信息。

能认真细致地做好信息校核。

案 例

秘书丽娜信息收集意识特别强，凡是公司工作活动中产生、形成的信息材料都收集起来，存放了好几抽屉。一天，市场部经理要查阅一份市场调查报告，丽娜在几个抽屉里翻来翻去怎么也找不到，急得满头大汗，不知所措。

提示：1. 丽娜的经历对你有什么启示？

2. 你有什么好的建议或方法可以帮助丽娜？

【任务描述】

根据公司的发展状况，经过董事会同意，远利股份有限公司决定投资生产休闲服装产品——逸闲服装。市场部决定近日召开招商大会暨逸闲新品发布会以进一步开拓市场，占据市场份额，打响逸闲服饰品牌。为了确保招商大会活动顺利举行，提高活动效果，黄经理要求夏婷把报名参加会议的 100 余位客户基本信息整理好送给相关部门和领导审阅。

办公室每天都会产生形成信息，实际上，有些信息在完成一项工作之后就失去了它的价值，可以销毁。秘书应根据工作性质或内容对信息材料进行选择，具有价值的、对日后工作活动有凭证参考作用的信息材料才保存；对信息进行分类，以便信息的查找利用，使信息发挥更大的作用。秘书丽娜注意了信息的收集，但忽视了对信息的整理。信息的整理包括:分类、筛选和校核。

任务一　对信息进行分类

信息分类就是根据信息所反映的内容性质和其他特征的异同,分门别类地组织起来的一种科学方法。信息分类是为了对大量已掌握的信息进行梳理分析,掌握信息资料的总体情况,为信息鉴别、筛选和处理提供条件。

一、信息分类的方法

(一)字母分类法

按照作者姓名、单位名称、信息标题等的字母顺序分类组合。

字母分类一般以英文字母顺序进行排列。先按首字字母排列,首字字母相同看第二个字字母,以此类推。

案　例

秘书小夏为上司整理的客户名片,她根据客户单位名称的字母进行排列。

A 艾莱衣有限公司总经理　陈荣煌

D 达宏有限责任公司副总经理　陶洁文

H 华杰股份有限公司董事会秘书　周振开

L 利兴咨询机构高级合伙人　郁知非

S 盛隆投资有限公司市场总监　夏佳理

X 协客商贸(浙江)集团 CEO　杨天科

　雪利影视传媒公司艺术总监　赖君丽

它们的首字母顺序是:A—D—H—L—S—X,后两个公司由于首字母相同,就要看第二个字母,客是 KE,利是 LI,所以“客”在前,“利”在后。

(二)地区分类法

按信息产生形成所涉及的省、市、地、县等行政区划分特征,将信息分为各个类别。按地区分类可以使有关地区的所有信息集中存放,然后再按其他问题分别组合。运输和出口业务部门、计划部门和销售部门最适合用这种方法进行分类。例如快递公司价目表就可以用这一分类方法。

案　例

以下就是中国木材网发布的按照地区分类的木材价格行情信息

东莞兴业木材市场木材价格行情

鱼珠国际木材市场木材价格行情

绥芬河口岸木材市场木材价格行情

山东德州木材市场木材价格行情

上海福人木材市场木材价格行情

嘉善国际木材市场木材价格行情

(三)主题分类法

按信息内容进行分类的方法。为了全面、准确地反映主题,便于利用,可以按多级主题分类。信息最主要的主题名称作为分类的首要因素,次要的主题作为第二个因素,以此类推。

案　例

表 2-1　中国木材网木材价格信息表

(2009 年 5 月 23 日星期六发布)

一级类别	二级类别	三级类别	价格/(元·m^{-3})
板材原木	刨光木	黑胡桃	1 750
		樱桃	1 430
		红橡	2 100
		枫木	1 560
	科技木	黑胡桃	1 850
		樱桃	1 530
		红橡	2 080
		枫木	1 760
	改性木	黑胡桃	1 650
		樱桃	1 400
		红橡	1 980
		枫木	1 500
	原木	黑胡桃	1 440
		樱桃	1 120
		红橡	1 650
		枫木	1 070
木皮类	实木木皮	红橡	850
		枫木	670
	旋切木皮	红橡	890
		枫木	760
……	……	……	……

（四）数字分类法

将信息以数字排列，每一通信者或每一专题给定一个数字，用索引卡标出数字所代表的类别。索引卡按所标类目名称的字母顺序排列，用分隔卡片显示每一个字母。索引卡一般用卡片式索引盒存储，占空间少，能放在桌子上，处理电话查询时容易找到信息。有的单位使用计算机数据库保存索引，当要查找某些信息时，先从索引卡中按字母顺序找出通信者名或专题名，得到信息的数字，在相应的文件柜中找出标有该数字的文档。

（五）时间分类法

按信息形成日期先后顺序分类的方法。

案　例

随着时间的推移，办公室形成的信息材料越来越多，已有很长时间没有进行整理了。办公室主任吩咐钟苗抽时间对信息进行一下分类整理。钟苗决定立即着手这项工作。她想："办公室的信息太多，还是采用时间分类法比较简单。"于是她将办公室这几年收集的信息，按照信息形成日期先后顺序分类、排列。过了几天，人力资源部的老张来到办公室要查一份关于奖惩办法的文件，钟苗问："这份文件是什么时间形成的？"老张回答："我也记不清了。"钟苗只好按照时间顺序一份一份地查找，费了很长时间才将这份文件找到。

信息分类方法多种多样，在进行信息分类时，秘书一定要考虑利用信息的需求，结合信息形成的特点，采用适宜的信息分类的方法。这样，才能使信息的查找利用更加便捷。

二、信息分类的程序

（一）熟悉信息内容

翻阅信息，从题目和内容中了解信息的总体构成情况。

（二）选择分类方法

信息分类的方法很多，要根据信息的来源、数量、内容和各种分类方法的特性，考虑单位业务工作的需要，从便于保管和利用出发，选定分类方法。下面将分述各主要分类的优、缺点（表2-2）。

表2-2　信息分类法比较

分类法	优　点	缺　点
字母分类法	①分类规则容易掌握，操作简单，不需要索引卡。 ②能与地理或主题分类法结合使用。	①查找信息时，须知道姓名、单位名称或标题。 ②某个字母下排列的信息较多时，查找费时。 ③大型系统使用时，很难估计每一个字母需要的存储空间。
地区分类法	便于查找具有地区特性的信息，分类方法容易掌握。	①需要一定的地理知识。 ②适用范围小，仅使用于某些单位或部门。

续表

分类法	优　点	缺　点
主题分类法	①能集中存放相关内容信息。 ②信息按逻辑顺序排列,方便检索。	分类标准不好掌握,当标题不能很好地反映主题时,归类不易准确。
数字分类法	①信息按数字从低到高顺序排列,规则简单。 ②通过在后面添加号码进行存储扩展,适宜电脑存储,适合于大型信息系统。	①查找信息需要参照索引卡,花费时间。 ②如果分类号码有误,查找信息麻烦。
时间分类法	①可用做大型信息系统的细分,如:一个案卷内部的信息可按时间排序。 ②适合与其他分类方法结合运用。	①需与索引系统配合使用。 ②仅适合于时间特性强的信息。

(三)辨类

分类是对各种信息按照一定的标准进行类别划分,分类依据是信息的特征。特征相同的信息归为一类,成为母类。母类下再划分为不同的类别,叫子类。子类下还可根据具体情况细分,形成有秩序、有层次的分类体系。信息分类关键在于辨类,对信息资料进行主题分析,分辨其所属类别。

(四)归类

遵循特定的原则和方法,按照信息的不同内容、来源、时间、性质和作用,根据一定的规范、要求,对收集的信息分门别类地组织起来,使信息条理化。

三、信息分类应注意的事项

(一)遵循一定原则

(1)在分类中注意科学性、系统性、逻辑性和实用性。

(2)要确定分类体系,确定分类层次和各层次的分类标准。

(3)要把信息归入最符合其实际内容的类别。

(4)子类之间界限要清楚,不互相交叉或包容。

(二)利用颜色、标签区分类别

根据分类结果,将每个字母、地区、主题等的文档使用特定颜色文件夹或在文件夹外边加彩色标签;给索引卡涂上不同颜色,以便检索。

(三)建立交叉参照卡

有的信息能归类到两个位置,如公司更名信息、多主题信息。为了便于查找,可建立交叉参照卡。填写交叉参照卡片存储在归档系统的相关位置。查找到该位置,查看卡片就知道另一个查找线索。如图 2-2 所示。

交叉参照卡
名称/主题
详见
相关名称/主题

图 2-2 交叉参照卡

任务二 筛选信息

秘书每天要收到大量的信函、传真、电子邮件等，这些都是信息。但这些信息内容五花八门，有的是给上司的请柬，有的是上司的私人信件，也有的是推销产品的广告。秘书负责处理这些信息，就是要对它们进行筛选并分类：哪些要马上送交上司；哪些可以暂缓；哪些要送给上司过目；哪些可以直接转给有关业务部门等。

筛选是对信息的再选择，表现为对收集到的大量信息进行鉴别和选择，去粗取精，去伪存真，摒弃虚假和无效的信息，提取真实、有价值的信息。

一、信息筛选的主要内容

信息的筛选包括信息鉴定和信息选择。

（一）信息鉴定

信息鉴定就是对搜集来的原始信息进行质量上的评价和核实。在鉴别信息过程中有两点是需要注意的。

首先，要鉴别信息的真伪。因为信息不一定完全真实，而信息是否真实，直接关系到根据信息所作出的决策是否科学。如果用了不真实的信息进行决策，那么很可能就对企业发展带来不利影响，甚至是对企业发展带来灭顶之灾。要想鉴别真伪，就要鉴别信息的客观实在性和本质真实性，也就是弄清楚它是否真的发生、存在，是否在有条件的情况下才能发生；事物是偶然还是必然；是个别还是一般；是现象还是本质；是主流还是支流。我们要从事物的总体本质及其联系上挖掘事物本质的真实性，还要结合各方面的材料综合思考，分清真伪，进行比较分析，不要被局部或暂时现象迷惑。

其次，要鉴别程度。同是真实信息，必定有深浅程度的区别。如果我们刚开始鉴定时，也可能难于一眼看透，但只要认真鉴别，多熟悉信息，你就能学会对信息的质量进行鉴别。常用的鉴别方法是比较法。比较法是通过对同一信息进行对比，以确定正误和优劣。例如，把信息本身的论点和论据相比较；把正在阅读的信息和已经确认可靠的信息相比较；把宣传性广告和产品目录相比较，等等。

(二)信息选择

经过鉴别的信息材料,要严格进行选择,以决定哪些可以采用,哪些可以储备。在对信息进行选择时,要围绕当前企业的中心工作,围绕上司负责的某一项工作进行,要选择那些新颖、突出的信息。

二、信息筛选的方法

(一)复印、裁剪

对能满足需求的相关信息进行阅读,将阅读到的有价值的信息做记号、复印或剪裁。

(二)摘记

将有保存价值的信息摘录到手册或卡片上。

(三)标记说明

对筛选的信息标注、注释或说明,注明已被剪裁的信息的日期、出处。

三、信息筛选的程序

(一)看来源

不同来源的信息,重要性不尽相同。上级形成的信息带有全局性、综合性和权威性,而同级和下级形成的信息主要起参考作用。秘书要从多种信息来源中把握重点单位、部门和人员的信息。

(二)看标题

信息的标题一般可以反映信息的内容和价值,秘书要认真分析标题,把握信息的主题,根据信息的标题确定信息价值的大小。

(三)看正文

浏览正文,了解其主要内容,初步确定是全部选用,还是部分选用,甚至不用,即初选。

初选后,对拟用信息再认真阅读,判断是否有价值。如果可用,再看有无内容不准确、不完整和表述不清楚的问题。

最后,对经过筛选的信息分别处理:选中的,分轻重缓急进行信息的加工处理;暂时不用但可以备查的信息,进行暂存;不用的信息,按有关规定进行暂存、移交或销毁。

(四)决定取舍

对信息进行严格的选择,从中挑出能满足需求的信息。最终决定取舍的时候要注意3个方面:

(1)要突出主题思想。

(2)要注意典型性。

(3)要富有新意。

案　例

林泽是一家生态研究机构的科研秘书,最近他根据主任的要求收集“世界濒临灭绝的生物物种的数量”相关信息。以下是他收集到的信息：

1. 新华网 2002.3.21 报道：“世界濒临灭绝的生物物种有 4 万多种”；

2. 人民教育出版社网 2002.12.30 报道：“世界濒临灭绝的生物物种有 1.1 万种”。

林泽还上网收集了一些信息：

表 2-3

信　源	信　息	信　道	信度
科学家统计	全世界有 9 400 多种动植物正濒临灭绝。	http://www.oursci.org/ency/geo/008.html 世纪发现 2000.06	信息可靠
植物学家	全世界生存受威胁的植物物种占所有植物种类的比率可能高达 47%，远高于先前估计的 13%。	http://cn.tech.yahoo.com/031230/33/1y9pf.html 科技日报 2003.12.30	信息可靠
美密苏里植物园研究员彼得	数字偏差的主要原因是没将厄瓜多尔等很多热带国家的濒危植物物种算在内。	《科学》杂志 2002.11	信息可靠
世界自然保护基金会	如把濒危程度分为九级，目前全世界约 12 250 种动物濒临灭绝，且都处于最危险的三级以上。	2003.12.30 科技日报	信息可靠
世界自然保护联盟	世界自然保护联盟 IUCN 公布官方年度世界濒危动物物种有 12 000 个。	http://news.chinesewings.com/cgi-bin/site/admin.cgi? job = viewnews&newsid = 20031118190768853&tpe = knews2003.11.18	信息可靠

林泽对网络收集的信息进行了判断筛选：

1. 世界自然保护基金会和世界自然保护联盟都提出了濒危动物就有 12 000 多种，意味着濒危动植物的物种应远大于这个数据，所以人民教育出版社网 2002.12.30 报道“世界濒临灭绝的生物物种有 1.1 万种”不可信。

2. 植物学家《科学》杂志阐述了数据产生偏差的原因，新华网 2002.3.21 报道“世界濒临灭绝的生物物种有 4 万种”可信。

四、筛选应注意的事项

(1)剔除虚假、过时、重复雷同、缺少实际内容的信息。

(2)注意挑选对工作有指导意义、与业务活动密切相关的信息。

(3)注意挑选带有倾向性、动向性或突发性的重要信息。

(4)分析信息需求，根据中心工作或解决特定问题的需要筛选信息。

(5)注意挑选能预见未来发展变化趋势，为决策提供超前服务的信息。

(6)坚持信息数量和质量的统一。

【职场吹风】

求职者都需要收集和利用招聘信息,而现在各类媒体上的人才招聘信息铺天盖地,但其中有不少是无用的。因此,求职者必须对大量的招聘信息进行筛选,择其有用的报名应聘,以取得求职的成功。

求职者在对招聘信息进行筛选时,应注意选择保留以下几种招聘信息:

一是真实有效的招聘信息。这类招聘信息一般都是经劳动、人事部门核准,人才市场电子信息屏、招聘信息橱窗公开发布,或者是在正规报刊、广播、电视、网站等媒体发布的。收集时应注意其是否公布具体的招聘日期,应聘应在招聘时效内。

二是与自己条件对口或相近的招聘信息。真实有效的信息虽然很多,但不一定都对自己求职有用。如某用人单位要招一名本科以上学历、具有3年工作经验的财会人才,这个岗位对一个应届毕业的学财会专业的大专毕业生来说显然不合适。只有选择用人单位招聘的职位和要求与自己的条件相一致或相近的,应聘求职才有较大希望。

三是要注意招聘人数。有的用人单位发布的招聘信息,只招录一两个人,特别是有的单位名义上招一两个人,实际上在公开招聘之前早已名花有主,应聘者对这种情况应鉴别并予以回避。为提高求职的成功率,求职者应选择招聘人数较多的用人单位。特别是外商投资企业,招聘工作人员只看应聘者的素质不认关系,求职者只要自己的素质高、条件符合,被录用的可能性就较大。

四是选择有利于自己发展的招聘信息。对于一些夕阳产业,尤其是在我国加入世贸组织后,一些受冲击较大行业的用人单位发布的招聘信息,应谨慎对待,不宜轻易应聘。因为应聘就业后,受到行业发展的限制,很可能会对自己的前途不利。而一些属于新经济领域的新材料、新能源、生物工程和电子通信以及软件、芯片、多媒体、网络信息技术产业的用人单位,正处于成长发展期,前景看好,对这类用人单位发布的招聘信息,应予以特别重视,积极报名应聘。①

任务三　校核信息

秘书通过各种渠道收集的信息中包含各种数据和事实,这些数据和事实如果不真实,就会丧失其自身的使用价值,甚至给工作带来损失。因此,秘书要对收集的信息进行校验核实,证明信息的真实性,剔除不真实的信息,更改已经变化的信息。

校核是对经过初步甄别的信息作进一步的校验核实。由于信息的来源、信息传播渠道中难免有客观的杂质和主观因素的干扰,要求对信息进行校核,对信息是否失真加以认

① 河北搜才网,http://news.hbsc.cn/article/5722.html

定,分析考评原始信息的可靠性和准确性,从而剔除虚假和失真的信息。

圣龙公司为给员工的晋升、工资级别调整、进修、培训等提供更多的服务,进行一次面向全体员工的个人基本信息登记,以全面了解员工的基本信息。丽娜和办公室的其他几名工作人员负责登记表的收集、汇总和处理。丽娜将自己所负责部门的登记表收集齐全,根据以往的登记材料进行核对,发现有些信息,如工龄、学历、进修情况等,与以往的记载有出入。丽娜与有关部门或人员就相关内容和数据进行了校核,对经过校核确实有误的信息进行了修改,特别注明了修改的时间,确保了信息的真实、准确。

一、信息校核的范围

由于信息的来源、信息传播渠道中难免有客观的杂质和主观因素的干扰,这就要求秘书对信息进行校核,对信息是否失真加以认定,分析考证原始信息的可靠性和准确性,从而剔除虚假和失真的信息。

信息核实的范围包括:信息中需要的事实、观点、数据、图表、符号、时间、地点、人物等。有些信息、数据要核对查证,有些信息要实验、计算,有些信息则要比较,以保证信息的真实、准确。对有关政策、法规、重要计划、主要数据、典型事例的信息,秘书要认真查对出处、核实原件,地名、人名、时间、事实、数据等要准确无误。

二、信息校核的方法

(一)溯源法

对收集到的信息所涉及的有关问题进行审核查对,首先要溯本求源。如尽量找到具有第一手信息的现场和掌握第一手信息的人;核对有关原书、原件等原始信息,并查对其主要参考文献;按信息内容所叙述的方法、步骤,自己重复一次实验或演算,这样可以从本质上找到错误所在。

(二)比较法

比较就是对照事物,比勘材料。比较法是对反映某一事实的各方面的信息材料进行比较,判断说法、结论是否一致。

(三)核对法

核对法是依据直接的最新的权威性材料,进行对照分析,发现并纠正信息中某些差错。

(四)逻辑法

逻辑法是对信息中表达的事实和叙述方法进行逻辑分析,发现问题和疑点,从而辨别真伪。

(五)调查法

调查法是对信息中所表达的事物的运动变化情况,通过现场调查来验证它的真实性和准确性。

（六）数理统计法

数理统计法是对原始信息中的数据和定性分析，运用数理模式进行计算鉴定，看数据计算是否准确，分类是否合理，是否和结论一致。

三、信息校核的程序

（一）确定校核的内容

所收集的信息材料并非都要进行校核，主要是对信息材料中的时间、地点、人名、事实、数据等进行校核。要根据信息材料的用途，决定校核的具体内容。

（二）选择校核的方法

信息材料校核的方法很多，可以多种方法综合运用。必须根据工作实际的需要，选择最恰当的方式。

（三）核实、分析信息

利用掌握的第一手信息和权威性材料，甚至进行实地调查，对收集的信息材料的某些事实进行核实，分析信息材料的内容。

（四）作出判断

通过核对、计算、定性与定量分析和逻辑推理，判断信息的真实性、可靠性。对信息是否失真加以认定，剔除虚假和失真的信息。

四、校核时应注意的事项

（1）各种校核方法可以互相补充，结合使用。

（2）要综合运用自己的知识和经验，提高校核信息的能力，透过现象看本质，保证信息的真实、可靠。

项目三 信息存储

【学习目标】

知识目标

了解信息存储程序、方式和信息管理系统。

熟悉信息存储装具与设备。

掌握信息存储的方法。

能力目标

能够熟练地使用各种信息存储装具和设备。

能够正确使用相应的方法存储信息。

案 例

张健是有着五十年历史的北京时代文化出版公司的总经理秘书，该公司的主要业务领域广涉社科、财经、文化等众多大众出版领域。

张健作为总经理秘书，平时非常注重出版领域内出版政策、读者审美变化、市场需求量等方面资料的搜集，并把通过各种渠道搜集来的资料妥善地存放在各种装具内。等到总经理需要的时候，他总能够及时地提供，帮助总经理做出正确的决策，为此总经理逢人便夸赞张健是个细心的秘书。

有些参考资料用完之后，张建及时向总经理申请是否毁弃，对于无保存价值的资料进行毁弃，而对于具有保存价值的资料以及其他档案，张健和档案管理人员一起精心保管在企业档案馆内。他随时关注资料与档案的流动管理，有效地避免资料与档案可能受到的损坏。出版公司历年来的资料和企业档案馆内五十年共六千七百多卷档案向来被管理得井井有条。在出版企业的交流参观活动中，他们的资料与档案保管工作被其他出版公司津津乐道。

秘书张健凭借着丰富的资料与档案管理知识和保管经验，为出版公司的发展做出了很大的贡献。每一位秘书工作人员都应该对资料与档案管理这一秘书工作核心内容仔细研究，认真实践，才能像张健一样在工作中做好上司的参谋。①

① 陈祖芬.职业秘书资料与档案管理教程[M].北京：清华大学出版社，2008.

提示:1. 假如你是张健,你会怎样保管公司的信息资料?
2. 这个案例给你什么启示?

【任务描述】

在各方面的努力之下,逸闲服饰品牌价值不断提升,市场占有额大幅度提高。最近这段时间,市场部正加班加点制定下一年度的市场策略。这天,黄经理电话通知夏婷,要找一份市场信息调研报告。夏婷在寻找调研报告的过程中,发现市场部以往对信息资料是有一份保存一份,没有任何次序,查找起来很不方便。为此,她决定对市场部所有信息资料进行有序存储。

任务一　认识信息存储装具和设备

信息存储装具与设备有多种,应根据需要和条件选择,便于保管和利用。

一、文件夹

文件夹为折叠式的,在它的脊背及封面可写上所夹信息资料的名称或类别。文件夹被绝大多数公司用来保存文件材料,是最常见的信息存储装具。文件夹也有不同的类型,秘书应该熟悉每种类型文件夹的特点,以便在工作中合理选用。

表2-4　常用文件夹

文件夹类型	优　点	缺　点	使用范围
扁平方形文件夹	使用简单,费用低。	纸页不固定,不能保持一定顺序。	存储临时使用的几页纸。
普通文件夹	存储纸张、文档的规格不固定,易于使用。	纸张松散,容易变得没有秩序。	存储散页、传单;各种规格纸张、不同厚度文档;临时使用文件。
扁平文件夹	保持纸张按正确的顺序排列、固定,宜存储在悬挂式信息系统内。	存储费事,存储文件不宜太厚,取出纸页不方便。	存储不太厚的文档。
展示文件夹(高质量文件夹,往往预先在其上打印公司标志和信息)	高质量展示信息,体现公司良好形象。	费用高,文件不固定,容易无序,不宜日常信息的存储。	会议上展示信息材料;向客户展示信息材料等。

续表

文件夹类型	优　点	缺　点	使用范围
环形文件夹（带有圆环的文件夹，存储穿孔的文件）	文件固定，保持文档的顺序，单个文件容易取出。	存储前纸张要打孔。	存储常用的文档。
拉杆拱形文件夹	结实，存储量大，信息固定。	体积大，占空间。	存储量大的文档，如订购单等。

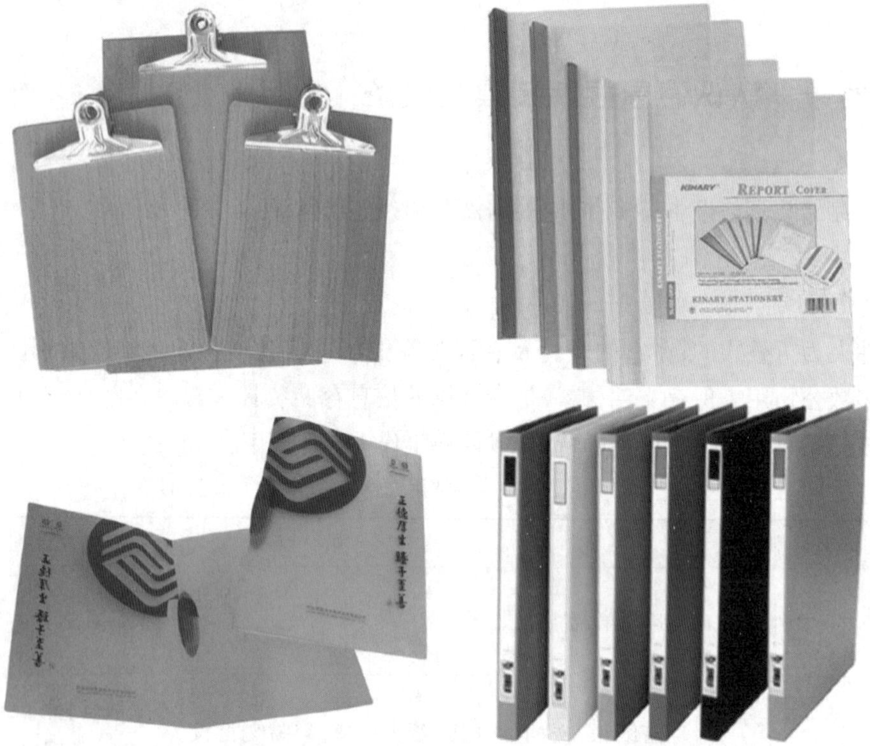

图 2-3　几种常用文件夹

二、文件盒

优点：结实，保持信息材料的清洁；存储需长期保存的信息材料。

缺点：体积大，占用空间，不宜存储传单、手册等。

三、文件袋

优点：保持信息材料清洁，信息材料可以在以后转移到文件盒或文件夹中

缺点：信息容易无序。

适用范围：用于当前使用的文档。

图 2-4　文件盒

图 2-5　文件袋

四、文件柜、架

(一)直式文件柜

直式文件柜由 1 至多个抽屉叠放组成。每个抽屉要贴标签,指示其中文件的内容;要有目录卡,以利于迅速查阅。有的单位在直式文件柜中使用悬挂式文件夹。悬挂式文件夹有较大的伸展性,有突出的指引卡,可以容纳更多数量的文件。悬挂式文件夹的两侧有挂钩,可以挂在文件柜上,指引卡一般放在方便且明显的地方。

(二)横式文件柜

横式文件柜一般抽屉较少,规格较大,其性质和功能与直式文件柜相同。它长的一边沿墙排,抽屉能向操作者伸出大约 25 cm。放在横式文件柜里的文件夹,其正面朝着抽屉的左侧,侧面正对着使用者。横式文件柜的后架可以往前、往后移,操作灵活方便。

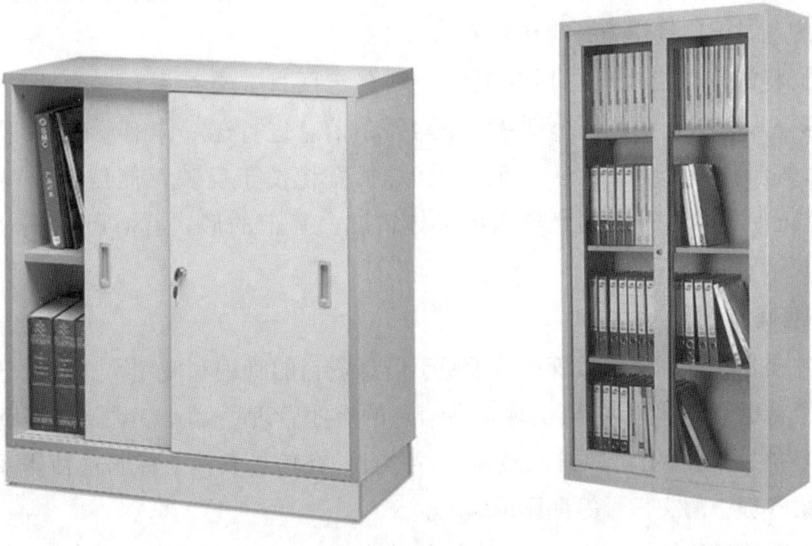

图 2-6　文件柜

(三)敞开式资料架

用敞开式资料架存放信息,能够节省存储空间,便于迅速查阅信息,但敞口大,案卷容易堆积灰尘,查找放在高处的案卷不太方便。储存适用于有空调、有空气过滤器的办公场所。要加强对温湿度的控制,保持清洁,防止灰尘堆积,以保证储存设备的正常使用。

(四)卡片式储存柜

有些文件信息可以保存在各种尺寸的卡片式储存柜内。卡片式储存柜可以放置各种规格的卡片,也可隔成不同的宽度,存放若干排卡片,新式的卡片式储存柜装有自动检索装置,能进行信息自动检索。

(五)显露式文件柜

显露式文件柜配有小抽屉,用以放置打印得十分详细的资料目录卡,目录卡仅露出每张卡片的识别端。这些文件柜通常叠层放置,每个抽屉由一个金属盖盖住一部分,这个金属盖有助于资料平置。通过查阅每一张卡片,人们可以容易地找到所需要的资料。这种文件柜可以用作索引储存器,这种索引用以指明其他资料的存放位置。

任务二　熟悉信息存储工作

一、信息存储程序

信息存储主要由登记、编码、存放排列、保管等工作环节构成。在信息存储工作中要注重严格按照规范化、科学化的过程进行。

(一)登记

登记即对收集的信息进行全面记录,只有对信息的各个特征进行了详细记录,我们后期在利用信息时就比较便于查找和利用。

信息资料的登记形式有总括登记和个别登记两种。总括登记是分批将信息的种数、册数等登入总括登记账。个别登记是对每条信息进行逐一详细登记,一般以册、条、份为单位,每册占一个登记号。一般来说,总括登记便于反映存储信息资料的整体情况,个别登记便于掌握种类信息资料的具体情况。登记的形式有簿册式、卡片式,可视具体情况灵活运用。

(二)编码

编码主要是在计算机信息管理阶段便于信息资料的管理和使用。通过对已经登记的储存信息资料进行科学的编码,实现实训信息的有序管理。编码就是将已经登记的信息按照“排序”时所确定的体系结构分别归入各类,并在信息载体上标明这种体系结构的序列号。档案管理中的文件号等都属于编码。

信息资料的编码结构应表示出信息资料的组成方式及其相互关系,一般由字符(字母或数字)组成基本数码,再由基本数码结合成为组合数据。秘书在对信息进行编码时,首先要对所有需编码信息进行分析,总结归纳出不同的属性特点,从而选择最佳的编码方法以及确定数码的位数。

表 2-5　信息总括登记簿

第　页

日期	信息来源	信息编号	总计			信息分类												个别登记号起止	备注
			种数	册数	总量	市场销售信息		人力资源信息		财务管理信息		竞争对手信息		技术研发信息		其他			
						种	册	种	册	种	册	种	册	种	册	种	册		

表 2-6　信息个别登记簿

第　页

登记日期	总登记号	信息名称	信息作者	信息来源	信息日期	单价	信息编号	去向	注销日期、原因

常见的信息资料编码的方法包括顺序编码法和分组编号法两种。顺序编码法就是对信息进行“1,2,3……”或是“A,B,C……”等进行编码,一般来说按照信息发生的先后顺序或是规定的统一的标准编码。用于不很重要或无需分类信息资料的储存。

分组编号法是利用十进位阿拉伯数字,按后续数字来分别信息的大小类,进行单独的编码。运用这种方法,所有项目都要有同样多的数码个数,左边数码表示大类,而向右排列的每一个数码,则标志着更细的小类。

例如:

2000—木业市场信息资料

2100—原料市场信息资料

2110—华东地区原料市场信息资料

2111—华东地区硬木原料市场销售信息

2200—板材市场信息资料

2210—华东地区板材市场信息资料

2211—华东地区硬木板材市场销售信息

(三)存放排列

经过科学编码的信息资料还需有序存放排列。常用的排列方法有:

1. 时序排列法　按照接收到的信息的时间先后顺序排列,即按信息登记号先后顺序排列。对于信息资料不多,服务对象比较单纯的企业适合采用这类排序方法,特别对处于创业阶段或成长初期的企业推荐使用。

2. **来源排列法** 按信息来源的地区或部门,结合时间顺序,依次排列,便于查找信息源。

3. **内容排列法** 按信息资料所反映的内容分类排列,可依据信息资料分类号码的大小排列。

4. **字顺排列法** 按信息资料的名称字顺排列。

(四)保管

信息保管工作的主要职责:一是对信息进行有效的保护,预防因信息泄密给公司带来损失;二是对信息进行有效管理,包括自然保存、借阅、复制、提供利用、销毁等。

二、信息存储的方式

(一)手工存储

手工存储就是将企业纸面信息记录以手工方式保存在办公室的文件夹或文件柜中。手工存储也可用于存储计算机信息,如磁盘、光盘。手工存储包括信息原件存储和目录、索引存储。原件存储就是对文字材料、录音带、录像带、胶卷底片等第一手信息资料进行存储。目录、索引存储就是将秘书另外编制的目录或索引卡与信息原件一并存储,以便检索利用。

(1)优点:

信息便于利用。

一旦找到信息就能直接阅读;存储设备便宜。

(2)缺点:

文件夹、文件柜占用空间大;

文件可能受到火、潮湿、蛀虫的破坏;

一旦信息存放排列有误,会给信息查找带来麻烦。

(二)计算机存储

随着计算机技术的广泛应用,秘书可将信息资料制成软件,存储在软盘、光盘或其他电子介质中。经数据库、电子表格、文字处理或其他应用程序的形式形成的信息能以计算机存储保存,例如软盘、硬盘、网络位置、CD-ROM、磁带。无论使用哪一种方法,都应定期备份,并将备份另行存放。

(1)优点:

计算机存储的信息量大;

可以节省存储空间;

信息容易编辑或更新;

保存在网络系统的信息,能迅速查找。

(2)缺点:

要懂计算机操作;

需要昂贵的设备;

信息能被病毒破坏;

由于软件和系统的提高和升级,长期存储可能成为问题。

【职场经验】

计算机存储应采取必要的保护措施:制作备份;重要信息应制作书面备份;磁盘存放在磁盘盒中;给磁盘贴上标签以识别内容;保证磁盘不放在任何磁性物旁边;保证访问磁盘信息时,需要密码;不使用外来的磁盘,防止带来病毒。

(三)电子化存储

电子化存储就是电子文档管理系统,目前在企业文书工作中普遍应用。电子化存储的关键是将纸面信息通过扫描技术形成 PDF 等格式的图片文件,存储于 CD-ROM 光盘上。经电子化存储的信息一般都能由计算机系统索引,并能以各种方式查找到。

(1)优点:

电子化存储节省空间;

容易制作备份;

保存在网络系统上的信息能直接由用户从他们的计算机上访问;

查找文件更容易。

(2)缺点:

设备昂贵;

查找的质量和使用的程度取决于系统初始设置;

要懂操作知识。

(四)缩微胶片存储

缩微胶片存储是用照相的方法把信息资料保存在缩微胶片上的一种存储方式。但是由于缩微胶片存储依赖缩微照相机、阅读机、打印机等特殊设备,成本较高,在企业实际工作中应用较少。一般只有对那些涉及企业重大核心机密的的信息资料才会采用缩微胶片存储。

(1)优点:

节省空间;

减少对纸面文档的需求,节省储存设备费用;

没有必要保留书面备份。

(2)缺点:

照相和阅读胶片需要昂贵的设备;

缩微胶片需要加标签、制作索引和排序;

缩微胶片图像的质量会随时间推移而下降。

【职场经验】

信息存储的载体

一、纸质载体

目前,大部分信息是以纸质形态出现的。因为纸张是人类有悠久使用历史的记录材料,具有记载和阅读方便自然的特点,纸质文件比磁性或者其他媒体的存档程序相对更具标准化。纸质文件信息依然是办公室的主角,是目前使用最多的存储载体。

二、磁性载体

磁性载体的使用发展迅速,常用的磁性载体有软盘、硬盘和磁带、光盘、微缩品。

软盘是一种很薄的磁性盘片,由聚酯膜制成,其上有氧化物涂层。它能随时存取信息,可根据使用需要随时插入计算机,用以记录机器中的信息或调用原来存储的信息,使用完毕后取出单独保管。软盘具有的优点包括:①成本低,体积小、重量轻,便于携带;②可脱机存放,随时存取信息;③适用于日常存储电子文件。但也存在记录的信息难以长久保存,数据容易丢失、必须有针对性地采取保护措施等缺点。

硬盘是计算机系统中最常用的外存储器,是典型的磁表面存储器。它存储容量大、存取速度快、传输率高、可靠性高,不易受周围环境影响,工作稳定性好。

磁带是最早出现的磁存储载体。磁带是一种磁性带状存储介质,一般绕于轴上放入盒中,称为盒式磁带。

光盘已成为世界范围内十分普及的一种信息载体。光盘既可以用来记录图像和声音,又可以用来记录文字,甚至可以将不同形式的信息同时记录在一张光盘上,成为目前最理想的多媒体存储介质。从记录信息的性能上分,光盘有只读式光盘、一次写入光盘和可擦式光盘三种。光盘具有存储容量大、可靠性高、保存信息时间长、存储速度快、单位成本低、应用范围广的特点。光盘可以将文字、图像、声音等信息融为一体,这使得客观世界的记录与再现更加接近人们的直接感受。因此,光盘研究在人工模拟、多媒体信息存储与检索、多媒体电子图书领域显示出了广阔的应用前景。

缩微胶卷和缩微胶片也是信息存储的形式之一。它是利用专门的光电摄录装置,把以纸张为载体的信息或机读文件按照一定的缩小比例拍摄在感光材料上,制成缩微复制品。目前,信息缩微化的形式有缩微摄影、激光全息超缩微摄影等,信息经过缩微化的处理,使信息存储密度大大提高。

三、信息存储的方法

文字存储是信息最主要的、使用得最多的存储媒介。秘书在信息工作中以文字为媒介存储其所采集的信息,常用的方法有笔记法、剪报法、卡片法。

(一)笔记法

笔记法就是秘书在工作中随时将有用的信息记在工作笔记本上。秘书工作内容决定了秘书需要经常做记录,例如上司交待的工作,某一次谈话的记录、重要文件的主要内容、会议发言等。笔记法是秘书最常用的信息存储方法。但这种方法要求秘书要有一定的记录技巧甚者是记录速度。

秘书在实际工作中采用笔记法也会遇到一些问题。有些秘书习惯于把不同的信息记录在同一本笔记本上,但在信息存储时笔记本又不能拆开,不便于分类,最终导致本子记得多了之后就记不清楚需要的信息记在哪个本子里了,不便于查找利用。但要分类记录,就势必要同时带好几个笔记本,也不符合秘书工作实际。因此,秘书应该经常整理个人的工作记录本,对其中的重要信息进行整理、复制。

(二)剪报法

剪报法就是对报刊杂志上与企业经营管理相关的信息资料先行圈选、阅读,把有用的信息资料剪下来或是复印,粘贴在专门的记录本上。要注意用来粘贴剪报的笔记本纸张要略微厚点,同时还记录下剪报日期及其来源,以免日后使用时无法了解其出处。

秘书完成剪报后,还应按其价值大小和保存期长短进行鉴定,对于具有价值需要长期存放的,按"主题法"进行标目,分类分级存放,做到"相同属性的不可分散,不同属性的不可混淆",以保持其时间上的连续性和内容上的完整性。

剪报法相对于笔记法而言,更便于分类,方便查找利用。但在实际工作中任何一家企业所订购的报纸刊物数量是有限的,而且秘书工作相对繁忙,阅读报纸的时间也相对有限。

(三)卡片法

卡片法就是将有价值的信息记录在专门的信息卡片上的一种信息存储方法。由于卡片是单张独立分开的,方便我们对所记录的信息进行分类保管。卡片法能够有效的弥补笔记法的不足,秘书可以把笔记中的信息重新记录在卡片上,也可以把报纸刊物上剪取的信息粘贴在卡片上。要注意的是一定要在卡片上记录清楚信息来源和时间。

用于记录信息的卡片可根据不同的使用目的分为索引卡、摘录卡、提要卡、专题卡(表2-7)。

表2-7　卡片的种类及其内容、使用范围

卡片名	卡片内容	卡片使用范围
索引卡	文献标题,作者,出版者,出版时间	①标题反映了采集者对该文献的需求;②无法用摘录卡、提要卡存储的文献。
摘录卡	摘录内容,标题,作者,出版者,出版时间	①文献中的某段原文是采集者需要的;②以备引用的某些常用的名言名句。
提要卡	提要内容,出处(文献标题,作者,出版事项,信息发生的时间、地点)	①文献中某段论述对采集者有用,但该文标题反映不了该用处;②现场的第一手信息。
专题卡	专题内容	公式、数据、定理、公知公用的符号。

四、信息存储管理模式

随着时代发展,信息工作已经涉及到企业经营发展的方方面面,任何一项工作的顺利完成都离不开信息的作用。企业必须建立起适合自己工作特性的信息管理系统,以更高效地发挥信息作用。对于企业信息既可以分散管理,也可以集中管理,还可以依托计算机技术研发信息管理软件。但无论采用何种管理方式,企业在建立信息管理系统时,必须做到方便查询利用、方便保存管理、适合企业实际三项原则。

(一)信息集中管理模式

信息集中管理就是将所有类型的信息都集中在一起存放管理。在公司或企业中建立一个完整的、标准的信息资源库,建立高效率的信息资料服务。例如许多企业建立信息档案室,用于存放公司各类档案、图书、信息资料等,并安排专人管理。

(1)优点:

便于实现科学化、现代化管理,使用起来具有整体性;

能有效利用存储空间;

专人负责和检索,可以减少各部门内信息的重复存储,保证质量;

能使用标准化的分类系统,实施有序的存储检索。

(2)缺点:

具有庞大的分类和编目系统,在归档和查阅时会带来一定的麻烦;利用信息不如在自己办公室方便。

标准化的分类体系不便于满足各部门的特殊需求。

(二)信息分散管理模式

信息分散管理模式是指所有信息都由单位内各个部门自行保管。分散管理使得各部门信息管理方式有很大的灵活性和专门性,可根据实际情况采用最适合本部门信息特点的存储分类方式。

(1)优点:

部门信息可自行分类编目;

由于内容相对单一,使用起来简洁方便;

规模不太大,易于管理;

适于保管机密文件;

能发挥各部门的名称建立一套字母编号,供各部门在来往文件和案卷标题中使用。

(2)缺点:

不利于建立统一的分类体系;

不利于信息的综合管理与利用。

(三)信息计算机管理模式

信息计算机管理模式就是以计算机为工具,收集、存储、分析和处理信息数据。随着社会信息化和办公自动化技术的普遍应用,企业采用各类计算机信息管理软件十分普遍。

这些管理软件既涉及企业人、财、物、产、供、销、预测、决策等诸方面的管理工作，包括企业资源计划（ERP），客户关系管理（CRM），供应链管理（SCM），产品寿命周期管理（PLM），制造执行系统（MES），产品数据管理（PDM）等多个子系统，又可以将各子系统信息进行集中，通过数据分析处理，得出管理人员需要的信息，从而帮助企业各类管理人员进行质量分析、市场预测、库存控制等工作。

采用信息计算机管理模式不仅实现信息资源共享，还大大提高信息利用效率，是今后信息管理的主要模式。但要注意的是，该模式依赖于计算机软件，成本相对较高，且对企业内部员工素质、企业规范管理程度都有一定的要求。

实　训

实训项目：信息收集

【任务目标】

了解信息收集的基本方法，能够根据上司的要求，有针对性地围绕主题进行信息收集，掌握信息工作的初步技能。

【实训任务】

为了解决生产原料问题，降低成本费用，公司责令市场部在全国范围内寻找信誉高、质量好、价格实惠的布料供应企业，并尽快与其联络确定合作关系。早上一上班，市场部黄经理就拿着一份布料供应商名单来找夏婷。要求今天下班前把这些企业的信息收集完整，并做好汇报 PPT，代表市场部在明天的总经理办公会上报告。名单上的企业有：安阳市昌泰纺织（集团）有限公司、新疆新天利毛纺织有限责任公司、魏桥纺织股份有限公司、无锡市天然纺织实业有限公司、鲁泰纺织股份有限公司。

假如你是秘书夏婷，请你完成黄经理交给你的任务。

【任务实施条件】

（1）具备信息收集的设备和场所，如计算机网络、图书馆、校外实训基地。

（2）实训时间充分，除了安排课内实训，还应有 1—2 周的课外实训时间，以便学生有充足的时间从不同渠道收集信息。

（3）条件许可，也可利用学生到校外实训基地见习的机会进行实训。

（4）指导老师可以根据本校、本地实际情况，适当改变实训任务，比如增加本地企业，以便学生可以利用更多的信息收集方法。

【任务实施】

（1）确定信息收集内容。根据信息收集要求，我们收集的公司概况一般包括：企业名称、地址、电话及传真号码、近年来的营业额及利润等；企业的背景信息：包括企业历史、企业结构、主要行政负责人及股东的情况。还应重点收集该公司产品信息。

（2）确定信息收集方法。可以采用的收集方法有询问法、网络法和购置法。询问法，我们可以通过 114 查询这些企业联系电话、地址，通过电信询问、书面询问等了解收集信息，也可以采用网络法，上网了解收集信息。如是本地企业，我们还可以采用观察法。

（3）确定信息收集渠道。本任务的收集渠道主要有：①公共传播载体，包括电视、互联网、报纸、杂志、行业协会出版物。也可以进入这些企业的网站了解信息,或是利用搜索引擎搜索与之有关信息,或是进入一些专业市场网站和论坛,或是进入数据库检索信息。②向有关单位索取资料:通过电话、书面的方式向相关公司索要产品样本、说明书、介绍、内部刊物等。

(4)收集信息。确定了收集内容、方法、渠道之后既可展开收集工作。

(5)整理。对收集的资料进行汇总,按照一定的脉络进行整理。

(6)制作汇报 PPT。

(7)向总经理办公会汇报。

【任务评价】

(1)结果评价:

企业信息简介(信息内容的真实性、有效性、全面性)。

汇报 PPT(形式的美观、内容的选取等)。

(2)过程评价:

收集工作过程:方法、渠道。

汇报工作过程:汇报的逻辑性、语言表达清晰性、身体语言恰当性等。

(3)评价方式:

学生自我评价	
学生互评	
教师评价	

实训项目:信息整理

【任务目标】

了解信息整理的必要性,掌握信息整理方法,能够根据上司的要求,认真做好信息的筛选、分类、校核工作,掌握信息工作的初步技能。

【实训任务】

今天黄经理出差了,任务不多,夏婷早早就完成手上的工作。离下班时间还早,上网溜溜。夏婷在网上转了一圈,进入到那几个常去的网站看了看,发现一些有价值的东西,就赶紧下载下来。以下就是她今天上网时下载到的信息:

江苏省科技面铺料新专利:一种环保衬垫

申请(专利)号:CN200910029219.3

申请(专利权)人:沈福昌

地址:213101 江苏省常州市武进区横林东湖路50号

国省代码:江苏;32

摘要:本发明公开了一种环保衬垫,包括由透气性材料或者不透气性材料制成的衬底,在衬底上设置有害气体吸附层。所述有害气体吸附层可由活性炭粉或者竹炭粉构成,该吸附层可通过粘结剂粘附在衬底的一面上,在另一面上涂敷有纳米二氧化钛光催化涂层;由透气性材料制成的衬底可为竹炭纤维或者活性炭纤维制成的纺织面料,也可由竹炭纤维或者活性炭纤维与有机棉纤维混纺制成的纺织面料;本发明的衬垫用途广泛,可将其贴附在复合地板的底面,或衬设在墙板与墙面之间,或放置在车辆座椅的靠背、坐垫中,或嵌合在车身内饰材料中。本发明不仅铺设简便、占用的空间小,而且能将复合材料散发出的有害气体及时吸附,适合在家庭、办公、娱乐等场所的装潢中推广使用。

主权项:一种环保衬垫,包括由透气性材料或者不透气性材料制成的衬底,其特征在于:在所述衬底上还设置有可吸附有害气体的有害气体吸附层。(信息来源:虎门服装网)

2010 年 1 月起东盟 6 国将实行零关税

据《越南经济时报》11 月 18 日报道,东盟秘书处称,从 2010 年 1 月起,东盟 6 国(泰国、印尼、菲律宾、马来西亚、文莱和新加坡)将实行零关税。东盟秘书长称,这是自 1992 年建立东盟自贸区以来,各方努力的结果,在全球反对贸易保护主义的现在,更说明建立东盟自贸区的方向是正确的。2008 年东盟自贸区内贸易额达 17 100 亿美元,是 2003 年 8 240亿美元的 2 倍多。(信息来源:虎门服装网)

探秘《商标法》第三次修改

据国家工商总局有关负责人介绍,我国正在对《商标法》进行第三次修改,以适应不断发展的社会主义市场经济的需要。工商总局已形成有关新版《商标法》的征求意见稿,并有望于近期提交国务院法制办。

然而,拥有"商标大国"名号的中国,正逐步向踏上"商标强国"努力,那么《商标法》的第三次修改对于转型升级中的服装行业会产生怎样的影响?能在多大程度上为企业发展带来实惠?带着这些疑问,记者专门走访了知识产权方面的专家、北京伟博律师事务所的执行主任李伟民。

记者:国家为什么要对《商标法》进行修改?

李伟民:我国现行的《商标法》是 1982 年通过,1993 年和 2001 年先后两次修改,其基本框架是符合我国目前国情的,但其中一些内容仍然不能适应日益发展的社会需要。尤其是自《商标法》第二次修改以来,我国的经济环境发生了巨大变化,大众商标意识日益增强。我国企业的产品在国外受到不公正的待遇,产品商标方面的问题是重要原因之一。

记者:那现行的《商标法》究竟存在哪些突出问题?

李伟民:可以说,修改是迫在眉睫的。现行的《商标法》在商标申请注册程序存在一定的不完善的方面,是造成大量中国企业"定牌加工",不愿培育自己品牌的部分原因之一,商标侵权纠纷也非常多,就很容易被钻法律的空子。

记者:此次《商标法》会对这些突出问题作怎样的修改?

李伟民:新法会对商标的申请程序作以修改,增加网上申请等程序,方便当事人申请商标;大大改变商标审查积压的现象,缩短商标的审查期限,当然,这样一来,受益最多的将是服装行业的商标,大量的服装类商标会在新法出台之后产生,大量的中国制造服装能保证在走出国门前已经取得商标注册证书,具有合法的身份;新法还会对商标异议滥用、违法注册商标、抢注他人商标等行为进行明确的规定及规制;并增加法定赔偿数额,明显加强对权利人的保护,这样更有利于保护民族品牌;修改后的《商标法》对"定牌加工"进行了明确定义,使大量的中国服装企业有法可依,会大大减少"定牌加工"中的法律风险。

记者:修改后的《商标法》对服装行业将产生怎样的影响?

李伟民:《商标法》的第三次修改对服装行业的影响是最大的。因为我国服装类商标的申请量是位居所有商标申请首位的,影响面巨大。在商标审查过程中,由于此类商标的申请量巨大,造成商标审查的期限也是最长的,普遍长于其他类商标的审查期限。而且,"定牌加工"在我国服装行业普遍存在,如果权利总是处于不确定状态,谁会愿意花时间和精力培育品牌呀。总之,无论是鼓励企业培育自主品牌,还是为其走出国门创造条件,这次《商标法》的修改,都会使他们的合法权益得到更好的保护。(信息来源:虎门服装网)

纺织品服装行业"标签"不合格率达71%

近期,东莞出入境检验检疫局在对上半年出口纺织品服装质量分析统计中,发现纺织品服装"标签"不合格占了不合格批的71%。该局提醒各服装出口企业,要高度重视标签问题,必须把标签以永久性的方式缝制在衣服上,并且标识图案要齐全,成分及所占比例不能弄虚作假。(信息来源:虎门服装网)

新休闲装时代　石狮努力打破"鼎足之态"

近日两则消息令人振奋,一是今年前10个月,石狮有29家服装企业产值超过亿元,比去年同期增加了2成多;二是在上月北京举行的中国国际服装周上,石狮参加展示的4家服装企业均在展会上掀起了不小的波澜。

石狮市经济局有关负责人评价说,两则消息都表明:石狮不少骨干企业多年来努力"往中高端消费层面靠",同江浙和广东的休闲装企业争高下的做法已初见成效。

"现在业界已经推出了第三代休闲服装的概念,石狮不能老是在传统休闲装上停滞不前。"几天前,希尼亚服装公司的老总提出了这一观点。他认为,体现个性的新休闲装将从老款休闲装中脱颖而出,不断在消费群中掀起购买热潮。在这一变革时期,谁能把握机会,找准切入点,谁就能迅速抢占市场。

据有关人士分析,目前我国的休闲装产业基本呈三足鼎立之态,以福建闽南为主的"闽派"、以广东中山为主的"粤派"和以江浙为主的"海派",三大基地或规模庞大,或资源丰富,各有优势和特点。近两年来,中山在女性休闲时装方面走在了前头,江浙休闲装在品位和品质上有独到之处,而以石狮为中心的闽南休闲装产业基础雄厚,在经过一段时期的“创品牌、打品牌”之后，不断加大创新力度，不断增加时尚新元素，逐步扩大了市场份额。

今年以来，石狮一些品牌服企开始了艰苦的创新运动，这一创新是从“专业化”和“精细化”入手的。盖奇、野豹等骨干服企主攻休闲T恤、童装或女裤，在国内外市场赢得了一片天地；希尼亚、爱登堡、斯得雅等一批休闲服装企业，立志要把难做的休闲男装“做出点味道”，其商旅男装、商务男装都不断往中高端市场靠，目前已在国内二、三线城市占据了相当份额，有的还在一线城市市场占据了一席之地。（信息来源：中国纺织报）

邦旗服饰：走个性化时装定制之路

上海邦旗服饰借鉴戴尔电脑直销的模式，以品牌定营销为先导，走个性化时装发展之路。2007年以PPG为代表的电子商务运营商，以衬衫贴牌生产的虚拟化经营模式，取得了不菲的业绩，使得报喜鸟等服装企业纷纷涉足网络直销。

邦旗服饰另辟蹊径，将网络定制、定购，定位在女性个性化时装。产品定位在25~45岁的女性知识群体。虽然，女装与男装相比，变化特点快，相对比较难于实施标准化，但笔者认真看了邦旗服饰网上专卖店 www. order800. com. cn，只要注册商城会员，用户可以通过会员后台实现自助量体，填写数据，实现网上定制。公司市场数据信息部将数据归类处理后，快速地将用户的订单传至工厂，及时按需生产定制。

在营销推广策略上，采用会员制的营销模式，并结合目录营销，另外，用户也可以看图模仿明星或流行款式图片进行个性化定制。

小批量，多批次将成为未来服装营销的趋势，女性的个性化需求也日益明显。相信随着邦旗网上定制系统的不断完善，并完善售后服务，在时间和速度上能够响应用户的需求，邦旗个性化时装定制直销模式，将成为服装市场的又一片“蓝海”。（信息来源：中国服装网）

2010上海国际时尚服饰展览会（2010.5.19—2010.5.21）

地点：上海世贸商城（上海兴义路99号）

主办单位：上海国际服装文化节组委会

承办单位：上海纺织技术服务展览中心；上海服装行业协会；上海世贸商城

新定位潜在展商：新锐的富有创造力及市场潜力的品牌企业

潜在买家：上海及其他重要城市的优秀品牌代理商、加盟商和商场

新形象：突破传统展览展会模式，亚洲首例不设光地特装，全部采用更时尚，更环保，更和谐的标准展位

新服务：全新推出时尚商圈免租金试营业服务，协助品牌企业拓展进入上海商圈的通道；首次推出金融机构服务，为具有市场潜力的品牌企业提供现场融资洽谈服务

主要活动：2010中国（上海）代理商和加盟商大会/商业与品牌企业交流对接会/OEM与品牌企业的对洽/国内外精选服装面料配对会/金融机构与品牌企业融资对接活动/

标准展位(9 平方米起订,展位由主办方统一搭建,展商未经书面许可不得擅自更改展台结构,转角位另加 5%)人民币 13 900 元/9 平方米

展品范围:女士正装/晚装/女式休闲装/男式休闲装/鞋/帽/包袋/配饰

上海纺织技术服务展览中心　联系人:何小霞　电话:021- 61242368　传真:021-61242366

地址:中国上海市长寿路 285 号恒达广场 25 楼　邮编:200060　邮箱:0213@126.com

我国内衣市场销售年增长速度近 20%

有统计显示,我国内衣市场的年销售额在 1 000 亿元以上,且以每年近 20% 的速度在增长。我国生产内衣的企业达 3 000 多家,山东、浙江、广东等地已经成为内衣加工基地。女式内衣在内衣中占到 60%,成为整个内衣行业的重中之重。专家认为,目前内衣业仍然是我国服装产业中最具活力和发展前景的一个子行业,其利润空间相对其他子行业平均高出 50% 左右。

福建男装周织开启周版型革命的序幕

日前,福建男装周织(zhouzhi)品牌在其 2010 秋冬产品发布会上郑重提出,将在未来一段时间致力于男装产品的版型研发工作,开启周织男装版型革命的序幕。

周织的版型革命从最实际的适穿性入手,针对多数成熟男性腹部偏大的状况,通过三开身版型中后腰线的收缩和身位变化,实现收腰和合体兼顾的效果。在今年的秋冬新品中,他们已经推出了新版型的服装,通过顾客的反应,品牌还会继续研发更多满足各种体形消费者需求的新产品。

周织品牌开发总监纪荣忠先生说,为了配合版型革命,他们特意设计制作了一批相同款式不同版型的服装,这些服装的最大特点就是上身后能让体形偏胖的客户在视觉上不臃肿,完美体现服装的时尚性,突破了服装款式尤其是收腰服装只适用于瘦身顾客的局限。对产品品质的关注,是周织革命版型的原动力,在版型革命的背后,是周织品牌对至高品质的不懈追求。

假如你是秘书夏婷,请你完成以下任务:

(1)请你对上述收集到的信息进行筛选,从中选出对本公司业务具有借鉴价值和参考作用的信息。

(2)对信息进行分类,使信息条理化,以方便查找利用。

(3)选择一条有疑问或者重要的信息进行校核。

(4)根据以上信息,整理出一篇信息稿。

【任务实施条件】

(1)教室、实训室或计算机机房。

(2)办公桌、电脑、文件夹、文件盒、标签。

(3)指导老师在上课之前,将待整理信息打印成书面信息材料,交由学生整理。

(4)教师可以根据本校、本地实际情况,适当改变实训任务,比如增加或改用本地信息,以便学生可以更好进行实训。

【任务实施】

(1)阅读信息。

(2)筛选信息。

(3)对信息进行分类。

(4)对信息按类装盒。

(5)校核信息。

(6)拟写信息稿。

【任务评价】

(1)结果评价:

筛选出的有用信息(应说明理由)。

分类好的信息。

校核信息。

信息稿。

(2)过程评价

筛选工作过程:方法、标准。

分类工作过程:依据、方法。

校核工作过程:方法。

(3)评价方式:

学生自我评价	
学生互评	
教师评价	

【自测题】

1. 公司产品出现滞销,总经理通知市场部尽快收集相关信息,分析滞销原因,作为公司的销售文秘,你会如何收集信息,重点收集哪些信息?

2. 信息校核需要注意什么问题?

3. 有人说,信息筛选就是把信息按照其有用程度区分开来,你觉得这种说法对吗?为什么?

模块三　信息传递与反馈

项目一 信息传递

【学习目标】

知识目标

熟悉信息传递的方式、方法。

掌握信息传递的基本技巧。

能力目标

能够根据不同情况，选择正确地信息传递方式、方法。

能够灵活传递信息，防止信息传递污染。

案 例

金鑫集团是一家坐落于A市以生产方便面为主的食品加工企业。近几年，公司加大产品研发力度，推出多款适合白领饮食习惯和口味的方便面产品，迅速占领了华东市场。琳达是公司市场总监李SIR的秘书。昨天晚上，琳达在家上网，登录国内一著名论坛社区，看到一则帖子，帖子的大致意思如下：

现在的企业极其没有社会责任感，对消费者的安全丝毫不管，丧尽天良。前几天才发生牛奶的三聚氰胺事件，我今天又听说一个关于方便面的事情。我叔叔在A市一家大型公司上班，这个公司方便面的酱包车间里，一位女工曾经掉进肉锅被绞死，后来肉锅只做了一下简单卫生就运转了……

琳达感到惊奇，因为A市生产方便面的企业只有金鑫集团一家。假如公司发生这样的事情，自己怎么一点消息都不知道。她又登录几家论坛，发现也有同样的帖子。她又打开一个搜索网站，敲入“方便面酱包　绞死”几个字，结果出现100多篇文章，内容和她所见的相同。她马上意识到事情的严重性，这很有可能是竞争对手搞的鬼。于是，琳达马上拿起电话向李SIR汇报了这个信息。李SIR指示她马上起草一份情况报告送给总经理，并通过局域网向公司各部门通报此事件，统一宣传口径。

提示：1. 琳达给你什么启示？

2. 假如你是琳达你会怎么做？

【任务描述】

夏婷在远利股份有限公司市场部担任商务秘书有一段时间了。她在工作中十分注重收集各种行业信息,经常利用网络和各种专业报纸了解服装行业前沿消息,还把其中重要的信息第一时间汇报给上司黄益明。这一做法令黄经理十分满意。夏婷对这项工作越做越喜欢,感觉到自己在公司里有发挥空间。这天,她又和往常一样,打开电脑,点击网页。她看到了某专业研究机构的一则消息:

纺织服装行业:纺织原料价格周报

涤纶:本周涤纶产品价格继续上涨,原材料 PTA 周平均价格上涨 172 元至 8 300 元,涤纶短纤周平均价格为 10 500 元,较上周上涨 136 元,涤纶长丝价格也全线上涨。

粘胶:本周粘胶产业链价格保持稳定增长,短绒价格上涨至 8 300 元,粘胶短线价格上涨到 20 300 元,下游人棉纱价格经过前两周的大幅度上涨之后,本周稳定在 24 650 元。粘胶短纤价格的上涨是属于成本推动型,企业的纯盈利状况没有改善。我们认为:未来粘胶短纤价格走势要取决于原材料成本的走势。

氨纶:氨纶原材料 PTMEG 价格经过上周的大涨,本周稳定在 24 000 元,而纯 MDI 的价格本周上涨 500 元,氨纶 40D 价格保持在 57 000 元。我们维持对氨纶产品价格的判断:40D 产品价格达到 60 000 元是有可能的;随着氨纶产品价格的上涨,原材料价格跟随上涨,会部分吞噬氨纶企业的盈利空间。

棉花:本周棉花价格继续上涨,中棉 328 指数本周末报价 16 238 元,五周累计上涨 1 257元。纯棉 40S 纱线指数五周累计上涨 3 200 至 24 600 元/吨。2009 年 4 季度以来,原材料成本和劳动力成本双双飙涨,我们判断 2010 年棉纺企业的盈利空间不会比 2009 年更好;目前国家派专员在新疆驻点,专门监察新疆棉花进入内地的运输问题,未来新疆棉花进入内地的通路理顺之后,有利于遏制流通领域对棉花价格的炒作。

行业分析:市场进入旺季一个月,粘胶、氨纶、棉花等纺织原材料产品价格快速拉涨,我们认为上涨幅度已经反映了销售状况好转和对未来销售情况进一步好转的预期,同时相关企业股价也已经反映了产品价格上涨的预期;未来我们需要关注的是在产品价格上涨的同时,原材料价格的追涨,劳动力成本的飙升都会在一定程度上吞噬企业的盈利空间。纺纱、织布、印染和服装等行业的毛利率可能会下降,我们预计 2010 年企业收入提高,毛利率可能下降,2010 年全行业效益增幅将小于 2009 年;

结论:由于棉花和粘胶短纤 2009 年涨幅较大,我们认为 2010 年价格可能继续波动,但幅度可能会小于 2009 年,而氨纶 2009 年价格涨幅不大,2010 年价格涨幅可能居首。

夏婷突然想到,公司上个月和外商签订了一单出口业务,报价是按照当时的原料价格来核算的。假如按照现在的原料价格计算,公司几乎没有什么利润了。更重要的是这批货的原料还没有采购,到时候赔本都有可能。想到这里,夏婷马上用电话给正在广州出差的黄经理汇报了这一情况。黄经理指示小夏马上把这个信息加工整理成一个信息报告,用文字的方式传递给公司总经理,并通过局域网发给公司相关部门。

任务一　熟悉信息传递方式和方法

秘书要有较强的信息意识,有目的地捕捉各种有价值的信息,并及时准确地传递信息,使信息产生积极的社会效益和经济效益。既要注意接收外界传递的信息,又要将获得的有用信息迅速传递出去。语言传递具有传递直接和及时的特点。秘书每天都进行着成百上千次的语言信息交流,从最简单的打招呼到交谈,再到各种会议发言,传递着大量的信息。可见语言信息是信息构成中的一个重要方面。秘书应在接待来访、汇报工作、会议讨论、联谊会等社交场合,加强语言交流,从各种交谈、零碎的话语中获得有用的信息,利用各种信息传递方式实现信息的交流和利用。

一、信息传递基本方式

信息的传递按传递范围,有系统内部信息传递和系统外部信息传递。

(一)系统内部信息传递

系统内部信息传递是指为了进行协调和合作,企业内部之间进行信息交流。通常用于传递本单位当前工作的重要安排和部署信息、工作进展情况信息;了解员工对本单位工作的看法;了解公众对企业产品质量、销售情况和售后服务等方面的意见及社会各个方面发展情况的信息,并将这些信息或意见进行传递。系统内部信息传递的目的是达到单位内部、单位与公众之间的相互理解及单位与社会发展的协调一致。

系统内部信息传递的形式有信件、备忘录、通知或告示、传阅单、企业内部刊物等。

1.信件　信件是正式的书面交流信息,可用于外向传递(如给客户、供应商的信件)、内向传递(如晋升或提高工资的信件)。信件的内容通常包括目的、主题、结束语三部分。

由于文化差异,要特别注意商务信件格式的区别。一般来说国内企业商务信件的格式依然采用中文书信格式。但是随着我国对外开放,外资企业不断增多,对外经济贸易往来也越来越频繁,也有许多企业采用英文书信格式(见范文)。秘书要根据对象的文化背景来合理选择相应的书信格式。

(1)优点:

是书面的,具有凭证作用;

便于阅读和参考;

能发送至相应的地址。

(2)缺点:

信件邮寄花费时间;

不便于交换看法。

英文商务信件范文

Date:23 December 2008

Mr. James Green

Sales manager BBB PLC55-60 Old St, London E6 6HG

Dear Mr. Green:

Thank you for your letter informing us of Mr. Green's visit during June 2-7. Unfortunately, Mr. Edwards, our manager, is now in Cairo and will not be back until the second half of June. He would, however, be pleased to see Mr. Green any time after his return.

We look forward to hearing from you.

Yours faithfully

2. **备忘录**　备忘录是通信的简化书面表格,通知有关工作事项。用于内向传递,即企业内部之间进行信息交流。备忘录表格能预先打印或准备好。见图3-1

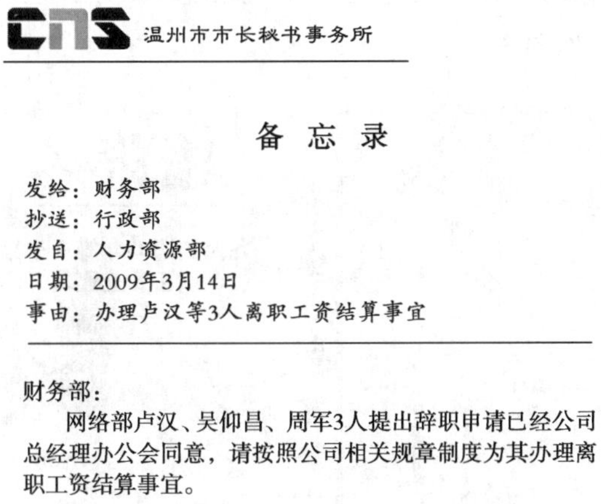
CNS 温州市市长秘书事务所

备　忘　录

发给：财务部
抄送：行政部
发自：人力资源部
日期：2009年3月14日
事由：办理卢汉等3人离职工资结算事宜

财务部：

网络部卢汉、吴仰昌、周军3人提出辞职申请已经公司总经理办公会同意，请按照公司相关规章制度为其办理离职工资结算事宜。

图3-1　**备忘录格式**

(1)优点:

是书面的,便于查阅和参考;

文字不必像商业信件那样正规;

使用方便。

(2)缺点:

沟通较慢;

不便于交换看法。

3. **通知或告示**　贴在布告栏上,通知公司的内部事项或征求员工对某事项的意见。写通知或告示应尽量避免生硬的语气。通知或告示要醒目,让人们在一定距离能阅读。做到文本信息简单短小,图片和色彩具有吸引力。

4. **传阅单**　需要传阅内容多的信息时利用传阅单,上面列出所有应阅读该信息的工作人员的姓名和部门,读完信息后应签字。见表3-1。

表 3-1 ××水电港航公司信息传阅单

信息名称			
传阅人员/部门	送达时间	返回时间	签　字
童劲松	月　日　时	月　日　时	
赵景涛	月　日　时	月　日　时	
随守信	月　日　时	月　日　时	
财务部	月　日　时	月　日　时	
工程部	月　日　时	月　日　时	
营销事业部	月　日　时	月　日　时	

5. **企业内部刊物**　企业内部刊物主要介绍公司动态和业务进展情况，是沟通上下、联系员工的桥梁。内部刊物的内容一般有：公司内部信息、职务升迁信息、员工信息、员工嘉奖榜、业务往来信息等。见图 3-2。

龍海人
快乐工作
明天观点 蜕变
抵御甲型H1N1流感，从预防做起
凡事不要先断定结果
务实创新追求卓越
龍海人
2009年05月 15
龙海公司09年第一季度考试工作全面展开
赢在细节
专业管理，团队不是泥捏的
医药动态

图 3-2　公司内刊

(二)系统外部信息传递

系统外部信息传递是指秘书在日常工作中有效地利用各种媒介传递信息。如通过印刷媒介类的报刊、书籍、宣传材料和电子媒介类的广播、电视等向公众传递信息，宣传企业的经营政策、业务进展、产品销售情况，树立企业的形象，增进社会公众对企业产品及服务的了解和认可。

系统外部信息传递一般通过信件、新闻稿、新闻发布会、报刊简短声明、直接邮件等方式进行。

1. **新闻稿**　公司公布决定或政策时，可采用发布新闻稿。新闻稿要简明扼要，直入主题，客观反映事实，不作评论说明。

2. **新闻发布会**　主要是公布重要的信息。公司展示最新产品、演示技术上的最新成果、产品展览会前或展览期间，都可举行新闻发布会。面对面的交流能产生好的效果。

3. **声明**　在报刊上宣布新的任命或电话、地址的变更等，声明要简短，引人注目。

4. **直接邮件**　直接邮件是将公司的信息材料通过邮局寄出。这种方式收到的纸面信息可归档供参考，但邮件要封装、贴邮票、送到邮局，花费精力大，比电子邮件发送速度慢，可能产生邮件丢失或错投。

二、信息传递方法

秘书应根据信息的形式、类型、使用目的及信息接收者的不同，选择有效的信息传递方法。

（一）口头传递

秘书将信息转化成语言和声音传递给信息接收者，多用于企业内部传递信息。具体形式有对话、座谈、讲座、会议、录音、技术交流等。

（1）优点：

简洁、直接、快速；

较少受场合地点的限制；

信息反馈及时。

（2）缺点：

获得信息零乱；

对信息接受者来说信息较难储存。

（二）文字传递

秘书将信息转换成文字、符号、图像传递给信息接受者。这种方式可以避免信息失真变形，实现远距离多次传递，便于利用和存储。企业文字传递信息的主要表现形式是文本、表格、图表等。秘书可利用这几种形式编发各种信息简报、报告、统计报表及市场信息快报等传递信息。

1. **文本**　文本是大多数信息的传递形式。为了增强文本的影响力和清晰度，可以运用一些文字处理技巧：

（1）对标题和重点内容加粗字体或画重点线；

（2）对各要点加上序号和符号；

（3）使用艺术字；

（4）使用文本框，突出部分文本；

（5）使用不同字体和字号显示信息。

案　例

某大学孙教授打长途电话给某市饭店，告知他同意邀请，明天飞抵该市，前来为饭店讲课。并请届时到机场接一下。该饭店秘书齐小姐接了电话，满口答应。但当孙教授走出机场时，左右环顾，无人接站，静等了十几分钟，仍无人前来。孙教授只能叫出租车去饭店。孙教授前往总台登记，问起总台是否知道他来店，前厅经理说知道，已安排好了。孙教授奇怪地问，怎么没来接站。前厅经理"哦"了一声，连忙道歉说"忘了"。事情是这样的，齐秘书打电话给前厅经理叫他安排孙教授食宿，又叫前厅经理转告车队派车去接。当时总台客人很多，前厅经理匆匆安排了孙教授的住房后，把派车的事忘记转告了。

2. **表格**　表格是用于对特定的、标准的信息进行展示的。在表格中系统地排列信息，更直观。运用表格传递信息要做到：有完整的标题；信息简明；标明信息来源。

表格应体现一定的目的，按逻辑顺序布局，易于填写，做到尽量精简文字，留出足够的填写空间。

3. **图表**　统计信息以图表的形式传递，更易表达和理解。基本的图表有柱状图、饼状图、折线图，使用何种图表取决于传递信息的类型。

(1)柱状图。柱状图中的信息用坚实的柱子标示，多用于统计数字的比较，容易题解。如每季度的产品销量、每月的电话费、一年来的销售量比较。见图 3-3。

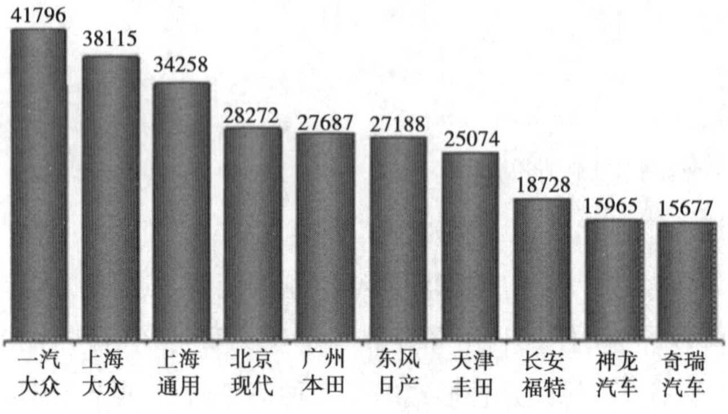

图 3-3　各品牌汽车销量柱状图

(2)饼状图。饼状图是用环开的形式来展示信息，其中的圆环被分成几个区域，每个区域信息在整体中占一定百分比。饼状图传递信息应做到：标题完整；每一区域用不同的颜色或阴影表示；按比例划分每一区域；注明信息来源。用于表示内部各部分之间的比较。如表示各地区的销售量分别在整体中占的比例。见图 3-4。

(3)折线图。用于表示趋势及比较性信息。如非一定时期的产品销售量、产品价格。见图 3-5。

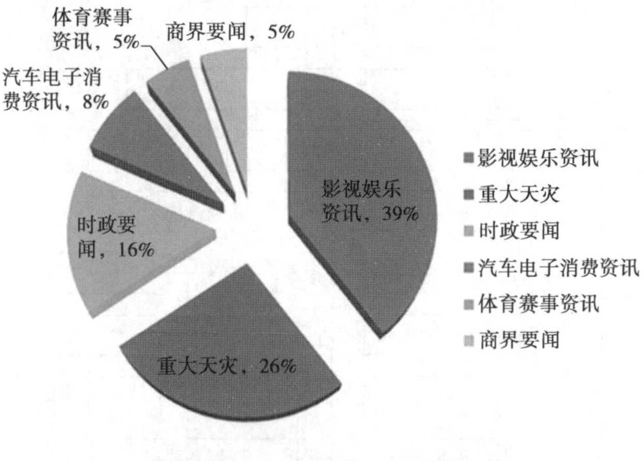

图 3-4　网站信息资讯类型饼状图

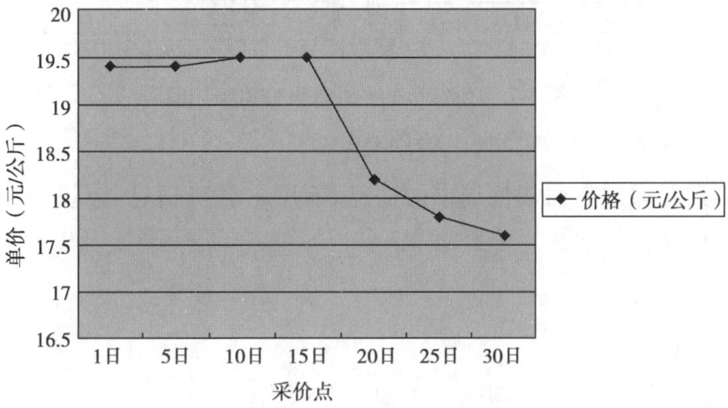

图 3-5　猪肉价格折线图

（4）框图。框图是用图解的形式来表示信息，包括流程图和组织图。流程图是经简单直观的图解表示做某项工作的程序，用于分析任务的逻辑进程。任务用方框表示，用箭头连接，箭头表示信息或任务的流向（见图 3-6）。组织图是用来反映组织结构和相互关系的框图。见图3-7。

（三）电信传递

即利用现代化的通信手段传递信息的一种方式。传递信息量大、速度快、效果好，抗干扰力强、不易失真。秘书电信传递的途径有电话、传真、电子邮件。

1. 电话　电话用来交换口头信息。

（1）优点：

传递信息快捷；

双方能沟通交换信息；

从电话中的语调能判断对方的态度和反应。

（2）缺点：

电话传递没有书面证据，信息可能被误解；

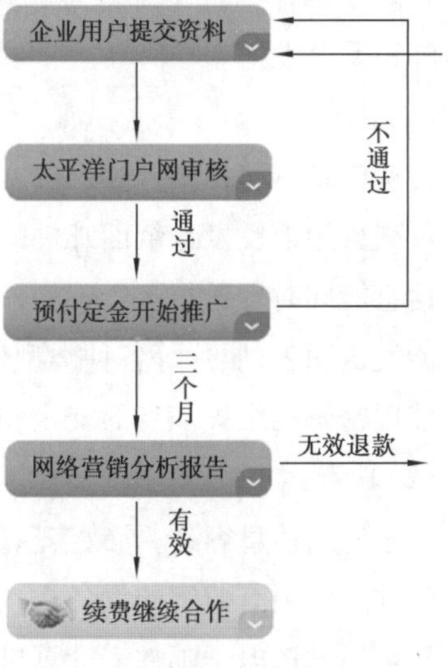

图 3-6　网站推广合作流程图

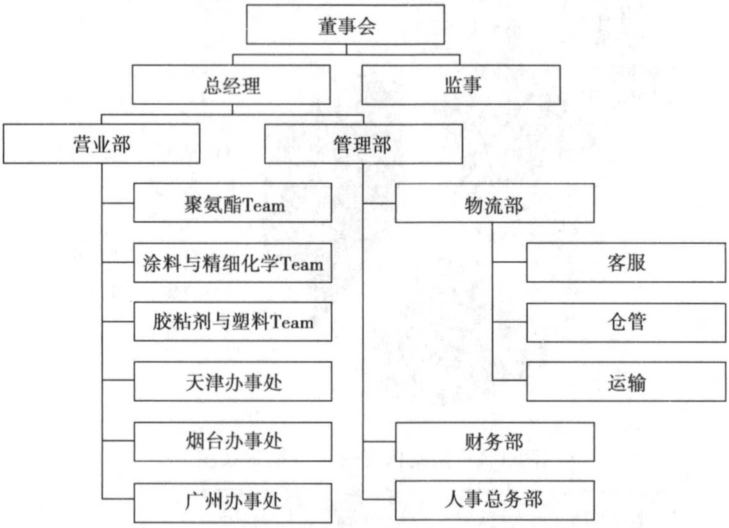

图 3-7 上海沂庆贸易有限公司组织图

如果是长途电话或打电话时间长，费用高。

2. **传真** 传真是通过电话线传送书面信息，能用于客户信息、会议信息、紧急信息、订购货物信息等的传递。

(1)优点：

传递信息速度快；

能接收和发送手写、打字、打印的文本和图形信息；

传递不受时间的限制。

(2)缺点：

难以保证信息的机密性；

只能发送给有传真机的单位。

3. **电子邮件** 电子邮件是计算机之间发送信息的系统。信息可以键入或扫描录入，通过邮箱系统发送。

(1)优点：

传递信息迅速；

可减少用纸及发送纸面邮件的费用；

信息能同时发送给多个邮箱；

能发送图表、照片等各种类型信息；

使用密码能维护信息的安全和机密。

(2)缺点：

由于发送信息容易，导致信息量大，易使人们淹没在电子邮件中；

收件人必须有兼容的设备；

有效地发送电子邮件需计算机培训。

4. **可视化辅助物传递** 可视化辅助物传递用来帮助理解工作任务和信息。可用于消防、安全布告及出口标志等。

(1)影像。利用摄影和录像技术传递信息,能形象地表示信息,具有真实性、直观性和感染力,收到其他信息传递方法达不到的效果。如制作录像带介绍产品性能、推销产品、宣传企业的服务、安全培训等。

(2)投影。投影用于演示信息,将信息投影到屏幕上,引起人们对信息内容的关注。投影能体现专业化的演示水平,字体要大,字数要少,显示清晰。见图3-8。

图3-8　会议过程中用投影展示信息

(3)展示架。包括展板和架子,用于展示信息。随着科技进步,人们现在也经常使用电脑展台来展示信息。

(4)展示或示范。展示产品实物;演示实际操作。一般是在各类展销会上使用。

(5)布告栏。布告栏用于张贴通知或布告等,通常将信息用图片和大号字体记载于大纸张上展示。现在很多单位也使用各种喷绘来布置布告栏。见图3-9。

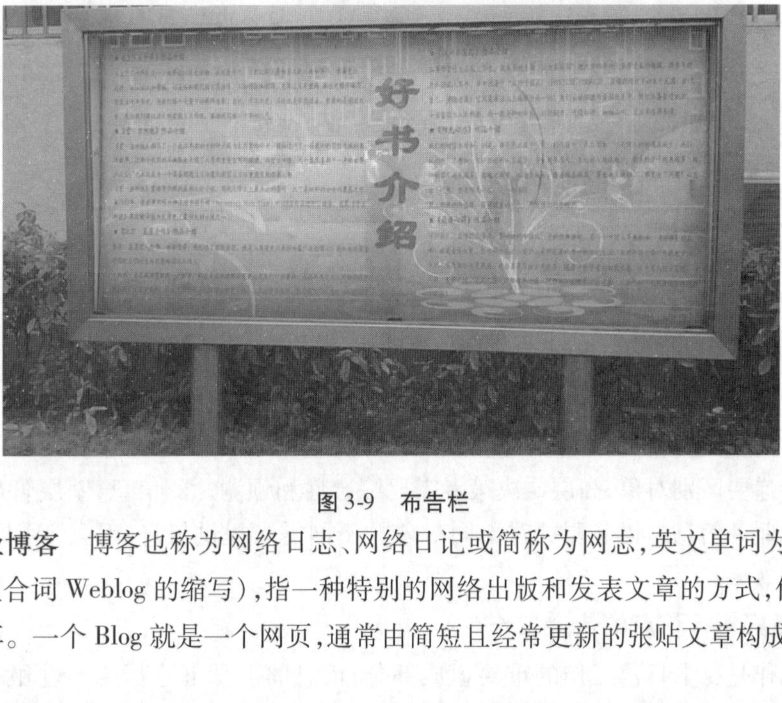

图3-9　布告栏

5. 企业博客　博客也称为网络日志、网络日记或简称为网志,英文单词为Blog(Web和Log的组合词Weblog的缩写),指一种特别的网络出版和发表文章的方式,倡导思想的交流和共享。一个Blog就是一个网页,通常由简短且经常更新的张贴文章构成,这些文章按年份和日期排列，通过网络传达实时信息。博客比电子邮件、新闻群组更加简单和方便易用，是继 E-mail、BBS、ICQ 之后第四种颇受网络用户喜爱的网络信息组织与交流方式，有着广阔的发展前景。

博客具有的知识性、自主性、共享性等基本特征决定了博客营销是一种基于个人知识资源（包括思想、体验等表现形式）的网络信息传递形式。现在很多企业都采用博客的形式来传递公司信息、产品信息，开展企业营销。

【职场经验】

秘书在选择信息传递方法时要注意：一要从不同内容和不同的接收对象出发，比如密级高的就要采用电信传递或文书传递；系统内部的信息传递可召开会议；系统外又可公开的信息就可以采取新闻传送等。二要考虑传递的时间和距离要求，如果时间性强、距离又远，就必须采用电信手段。三要考虑传递的经济效益，用最节约的办法，达到传送目的。

图 3-10　亿家净水企业博客

任务二　掌握信息传递技巧

一、信息传递注意事项

（一）区别对象按需传递信息

信息传递要区别对象，高层次决策者需要综合性和预测性的信息，基层管理者则主要需要具体的业务信息。秘书要针对不同对象的不同需求提供信息，因人，因事而异，提高信息的利用效率。

（二）做好例行信息的传递工作

信息工作是秘书日常工作的重要组成部分，信息的上承下达都要经过秘书。秘书应做好信息的传输和接收工作。如每天转交当天的邮件、信函、汇报前一天交办事项的执行情况;定期编写内部资料发布有关信息;定期的例行会议上沟通情况、传递信息。

(三)加强非例行的信息传递工作

决策者及有关人员、部门在工作中急需某些信息时,秘书要及时收集有关信息进行传递。如经理要出国与一家公司进行商业谈判之前,秘书应提供有关这家公司的背景材料以及所属国家的社会文化习俗等信息。

秘书从其收集到的信息中发现重要情况时要立即传递信息,如本企业所用原料的国际价格即将上涨;公司发行的股票突然被人大量收进;由本公司独占的产品市场,突然出现某境外公司企图涉足的迹象等。秘书一旦接收到这类信息,必须迅速向决策者或有关部门传递。

(四)运用现代化信息传递方式

秘书应当发挥现代化的信息技术在信息传递中的作用,利用全球联网的电话、电视和数据传递网络、光盘和新的多媒体技术等传递信息。弥补目前在获得信息方面存在的地理的、社会的和经济的差距,使信息产生更大的社会效益和经济效益。

二、信息传递过程污染防治

什么是信息污染?信息污染是指无价值信息自由泛滥对领导决策和社会所造成的危害。由于信息采集与传递不规范,信息流通不畅,信息加工水平低,信息管理体制不健全,从而造成信息的无序和失控,直接导致信息的老化失真、重复、过载、堵塞和不确定,这种现象人们常称为“信息污染”。信息污染会导致上司对客观事物判断和决策上的失误,给企业发展造成不应有的损失。因此,各部门要特别警惕那些失真污染信息对正常管理工作的干扰,在信息处理过程中防止信息污染,提高信息的透明度。信息污染的表现形式主要有以下几个方面:

(一)失实信息或虚假信息

失实信息是指一些信息相关性低,甚至以讹传讹,与事实不符。其中包括两种信息:

一为欺诈信息,是一些不法分子为了谋取自身利益,利用欺诈手段对信息需求迫切而又缺乏识别手段的信息接收者设计的圈套;二为错误信息,是指信息中的一种或一些要素失真,导致信息的失实。如事实不真实、数据的夸大与缩小等。

造成虚假信息或信息失真的原因有三种:一是信息源本身的虚假,其中多为人为因素;二是信息传播过程中由于传播技术出错或信息处理失当等原因造成信息内容的偏离,从而导致信息某种程度上的失真;三是信息工作人员由于各种主客观的原因,把反应甲事务特征的信息误以为是反映乙事务特征的信息,并加以利用,从而做出错误的决策。

(二)重复信息

重复信息是指由于大量的转抄、引用、复述,甚至剽窃造成信息的重复、激增、泛滥,因此给信息的处理、吸收、储存、提取带来不便。

(三)过时信息

信息的时效性很强,信息如得不到准确及时的传递就会成为过时信息。这也会造成经济和政治方面的损失。出现过时信息有两方面原因:一是信息源提供信息过时;二是信息工作人员在使用信息时忽视信息时效性。

(四)过载信息

近几年来信息量急剧增长,信息的增长速度已经超过了人类社会处理利用的限度,从而造成大量信息积压,直接导致信息的老化和失效。一些时效性很强的信息随着时间的推移而变得毫无用处,这时如被一些信息意识薄弱的信息工作人员加以传递或利用,过载信息就成为过时信息甚至错误信息。

(五)缺损信息

信息在加工、传递、利用的过程中由于种种原因,只提供了某些部分或漏掉了某些要素,从而造成利用中的失误,这种信息就是缺损信息。造成缺损信息的不是信息的失实,而是未把握好信息间的相关性,从而造成信息内容残缺。

(六)噪音信息或信息噪音

一个正确而完整的信息在传递过程中,受到一些客观因素的干扰,出现误差,这种信息到信息管理部门是不能直接利用的,这种信息就是噪音信息。造成噪音信息的原因主要在信息载体中,如案头调研资料的字符、词语、语法错误,字、词、语句的脱落或增加,字符的污损,计算机在信息处理工作中机器出现的故障,因外界干扰而出现的偏差和失控。

(七)误差信息

信息利用的全过程都有可能出现误差,当误差积累到一定程度时就会造成信息污染,由于这种污染是由误差造成的,我们称之为误差信息。造成误差信息的主要原因有二:一是抽样误差。由于抽样调查是用部分推算全体,这种推算的结果必定会与总体有一定的差异,随着差异的积累,污染就会产生;二是非抽样误差。如统计、计算等的错误,调查表格设计不当,谈话记录不完整,信息访问人员有偏见,信息提供人员敷衍了事等。

采取有力的措施控制和防止信息污染,对于决策的成败具有非常重要的作用。秘书应努力加强对信息污染的治理,防止污染信息危害企业正常发展。

秘书一要加强对信息处理过程中的审查、监督和评估,达到防治信息垃圾的传播与泛滥;二要提高个人的信息素质,提高现代化信息技术的应用能力;三是要提高秘书有关信息需求的表达、检索、分析和吸收能力,学会比较分析,弃去糟粕,吸取精华,从根本上杜绝虚假、过时信息的产生与蔓延。

项目二 信息反馈

【学习目标】

知识目标

了解信息反馈的形式、意义和原则。

熟悉信息反馈的内容、方法。

能力目标

能够及时准确反馈信息、提供上司决策。

案 例

伊莎贝拉在短短的几年时间，由一家服装作坊成长为具有一定品牌的服装企业，这得益于该企业建立的信息反馈系统。企业服装人在过去常常有这样的困惑：自己赚的，到底是钱还是积压的衣服。可能一年到头生意挺红火，年底一盘点，赚来的却是一堆没卖出去的积压品。她说"如果早上要查一张昨日的销售报表，直到中午吃饭时间才能有结果。为了一个销售数据，花个大半天时间，效率、速度都将是空话。"信息反馈应以分钟计算。为此，伊莎贝拉新引进一套信息管理系统，将生产、销售、库存、人事等每一个部门串联起来。只用轻点鼠标，要什么数据，几分钟内都能查到。公司利用遍布各分公司的网络终端，实时掌握各地区进销存状况。各地的销售是否追单，都能准确地分析出来。正是及时有效的信息反馈，为公司上层的生产、经营决策提供了有力支撑。

【任务描述】

3 月底公司召开月度部门工作会议。黄益明向公司老板汇报本月工作："3 月份，市场部完成春季服装全面市场开拓工作，并做好夏季服装上市准备。本月累计销售服装 372 万件，比上月增长率减少 2.5%。导致这一结果，一方面是因为市场进入服装消费淡季，另一方面缺货累计 85 万件……"，老板为此大发雷霆："如果说高库存使品牌企业的利润跑到了自己的仓库里，那么缺货损失就使本来属于企业的钱跑到了竞争对手的口袋里。缺一件货品就是少赚一件货品的钱，这个账不能再明白。"面对老板的质问，各个部门之间却互相推诿责任。老板无奈，要求市场部牵头，协调生产、仓储等部门解决这个问题。

会议结束，黄经理就召集市场部的人员开会讨论。大家认为公司应该建立市场信息反馈机制，利用反馈信息解决缺货的问题。一方面市场部门针对设计的产品利用零售终端了解市场反映，通过市场销售数据的分析来建立预测模型，预测市场的销量以制定生产规划。不同款式，不同颜色和不同的尺码制定不同的生产计划。使生产量更贴近实际的销售数量。从而在最大程度上从源头保证畅销产品货源，使资源得到合理配置。另一方面要努力实时掌控整个市场各个零售终端的销售动向，及时协调各终端的货品调拨，抓住销售机会，减少缺货发生，创造更大的销售额。

为了尽快完成这项工作，黄经理要求夏婷放下手头其他工作，全力协助他做好公司信息反馈系统建设工作。

任务一　认识信息反馈工作

信息反馈是秘书信息工作的重要环节。在各项工作活动中，秘书要及时了解来自各方面的反映，收集公众对已推行政策、实施措施的意见，把各种指令执行情况的偏差信息反馈给决策者，以便发现问题，纠正偏差，修正或完善政策与措施，做出新的布置、发出新的信息。秘书编写简报、送阅文件等，是向上司反馈信息的必要途径。

一、信息反馈的形式

（一）正反馈和负反馈

1. **正反馈**　在管理工作中，正反馈是指能够增强管理者原定信念的反馈。

比如，根据市场上家用微波炉畅销的信息，某企业决定上一条微波炉生产线。当他们将微波炉投入市场后，得到的反馈信息有两种：一种是微波炉继续畅销的信息，另一种是所谓“继空畅销”不过是一种虚假的暂时的现象，结果该企业的管理者依据第一种信息做出进一步强化这条生产线的决策。这是继续增强原来管理信念的反馈，属于正反馈。

管理工作中的正反馈并不一定就是好的。如果说，原来的管理信念是正确的，形成的正反馈增强原来的信念，自然是好的反馈。如果原来的管理信念有一定的缺陷，比如决策已经失误形成的正反馈仍旧增强原来的信念，那当然是不好的反馈。

不过，原有的管理信念一点毛病都没有的情况比较少，大部分情况下，总有一些不足，通过反馈信息可以了解到不足的具体内容。如果还是正反馈，仍旧增强原来的信念，自然就不合适了。在实际管理中，有的管理者自以为是，主观武断，官僚主义作风严重，完全听不进不同意见，他的信息反馈总是正反馈，管理中产生的偏差也无法察觉，“正反馈”只会使偏差加剧，以致形成恶性循环，给工作带来极大的损失。

2. **负反馈**　在管理工作中，负反馈是指能够减弱管理者原定信念的反馈。

管理者通过负反馈可以及时地了解管理工作中的各种信息，并根据反馈的信息及时地修正原来的管理计划，调整管理措施，使出现的偏差得到纠正，保证管理目标的实现。

事实上，任何一个企业或组织，总是要受到内部条件和外部环境的制约、影响和干扰，以致管理工作具体情况会经常出现一些偏差。只有通过负反馈，才可能使企业或组织的管理工作及时纠正偏差,保持在稳定状态。负反馈使系统的输入对输出的影响减少,一般为反映执行中的问题、失误方面的信息,可以及时发现和纠正系统中的偏差,改变已有的工作方向和状态,保证工作达到预期目的。

不过,要搞好负反馈并不是一件容易的事。在管理活动中负反馈在信息的内容上一般都属于"报忧"的性质。诸如,原来的决策与实际情况不符,缺少使用价值;原来的决策目标要求太高,无法实现;原来的预测不当,客观环境变化太大,实施的计划遇到严重的障碍,等等。

要搞好负反馈,要求管理者必须善于调查研究,善于发现问题,能够虚怀若谷,闻过则喜,主动征求意见,敢于面对现实,能够客观地反映问题。

(二)纵向反馈和横向反馈

1. **纵向反馈**　纵向反馈,又叫上行反馈,是反馈信息自下而上流动的反馈。比如,上级管理者发出指示、命令后,随时都要收集下级管理者和员工对指示与命令认识、执行的结果及其存在的问题等。这属于上行反馈。

其实,纵向反馈中还应该包括"下行反馈",即反馈信息自上而下流动的反馈。比如,下级管理者或员工要向上级管理者请示工作,当请示发出之后,他也非常需要知道上级管理者对请示的看法、批准的可能、请示中存在的问题等。这对于下级管理者或员工来说也是反馈,即下行反馈。从一定的意义上来说,纵向反馈的质量和时效,决定着管理工作的效率。

2. **横向反馈**　横向反馈,指企业或组织同外部系统之间的反馈、企业或组织内部的同级部门之间的反馈。

在现代管理系统中,任何企业或组织,不可能是孤立的,总是处在一定的国际、国内的环境之中,总会不同程度地受到外部系统的制约和影响。管理者除了重视内部信息的反馈之外,还应该具有开放意识,变封闭式的思维方式为开放式的思维方式;通过收集来自系统之外的反馈信息,加强与外部的交流,来修正管理行为,提高管理质量。

(三)前反馈和后反馈

1. **前反馈**　是在信息发出通知之前,信息的接受对象向信息发出者表示的要求和愿望,希望将要发出的信息能满足自己的需求。如来自基层和群众中的建议和呼声等。

2. **后反馈**　是在信息发出后,信息接受者对信息作出的反应。

二、信息反馈的重要性

案　例

美特斯邦威是服装界中市场信息反馈系统比较完善的品牌。现在,美特斯邦威总部可实时考核每个专卖店的销售业绩,甚至可以细到每一件服装卖出时的天气情况及消费者情况。从1995年创业到现在,美特斯邦威订单反应速度从原来的7~15天缩短到现在的2~3分钟。10年间,美特斯邦威的销售额已经超过20个亿——准确和快速使得美特斯邦威的业绩倍增。

信息反馈是企业实施管理控制的一种方法。通过这一方法的运用，能对企业决策的指令在执行中引起的客观变化及时作出应有的反映，并提出相应的新的决策建议。实际上，它是在企业领导的认识、决策和企业员工的反映、实践之间架起了一座沟通的桥梁。概括起来，其作用主要表现在以下几个方面：

（一）信息反馈是不断提高企业管理水平的保证

信息是管理的纽带，管理过程实际上就是信息沟通的过程。现代管理的基本职能就是按照决策目标，实施计划、组织、指挥、协调和控制，其全过程就是搜集信息、确定目标、制定计划、组织实施、跟踪变化、调节关系、控制系统，如此循环往复不已。每一次的循环，都始终围绕着反馈信息运转，反馈信息既是上一次循环的终结，又是下一次循环的开始。决策、执行、反馈、再决策、再执行、再反馈，如此无穷地螺旋上升。由此可见，企业管理工作的水平，正是在以信息反馈为前提实现一次次良性循环的过程中得以完善和提高的。

（二）信息反馈是优化企业领导决策的条件

从某种意义上说，信息反馈在整个决策过程中自始至终起着调节作用。决策前，反馈信息制约着决策活动的方向、时间和要求，可使领导明确哪些东西需要决策，哪些东西不需要决策；哪些应早决策，哪些应迟决策；哪些需要重点决策，哪些需要一般决策。决策执行过程中，信息反馈可增加决策的有效程度，赢得决策的受控制对象的充分理解、支持和认同。在决策实施前后，反馈信息可增加决策的周密性。

因为决策是对未来行动的制定，而未来的情况是不确定的、千变万化的，可以说，对于一个企业管理者而言，没有一项决策始终是万无一失或一劳永逸的，这就要求企业管理者在决策过程中，密切注意了解不断运动和变化着的客观实际情况，通过一定的反馈信息，消除一些不确定的随机因素，优化决策，对决策适时进行修改和调整，使决策更为完善和科学。

（三）信息反馈是企业实施有效控制的前提

控制是管理的基本职能。管理者根据计划目标的要求，对计划执行的情况进行检查、测量或评价，在出现偏差时及时采取措施予以纠正；或者在组织环境发生变化或组织发展需要的情况下，修改计划以适应新的环境或需求的过程就是控制。

要进行有效控制，就必须了解对象的状态，下达命令，并知道命令的执行情况。而这当中的关键性要求就是信息。因为只有反馈信息才能告诉企业实际运行情况与领导决策层制定政策、策略有无偏离，偏离到何种程度及其发生偏离的原因。也只有在弄清楚这些问题的基础上，才能采取针对性措施对偏差进行纠正，以使实际的状态与计划的相一致。

（四）信息反馈是企业协调的重要手段

企业协调是为了有效地实现企业经营的总目标，把各项经营管理活动加以调节，引导公司各职能部门之间、公司员工之间分工协作，互相配合，同步地、和谐地完成工作任务。

企业管理中的重大的决策往往不是哪一个部门能够单独实现的，而是需要很多部门共同参加，这样就少不了协调。同时，企业在管理过程中，虽然规章制度确定的职责清楚、分明,但职能部门相互之间产生矛盾也是难免的,这也需要进行协调。

管理者一方面要利用反馈信息处理、协调各部门之间的关系,另一方面又要通过反馈信息处理人与物、物与物、人与人之间的复杂关系,如部门之间的推诿、领导之间的矛盾隔阂等。

三、信息反馈原则

秘书工作中的信息反馈与一般信息反馈有本质差别,它要能做到使企业领导从中掌握了解执行决策的动态,并从中发现带有倾向性、苗头性的问题。因此秘书工作中的信息反馈必须遵循以下原则:

(一)全面反馈原则

全面反馈原则,是指反馈的信息是事关全局,带有宏观指导意义的,反映主要矛盾的反馈信息。但是,全面反馈不是全部反馈,对于那些参考价值不大,没有普遍代表意义,仅仅反映个别部门和一般动态的,没有典型意义的局部信息,应予以摒弃。

(二)重点反馈原则

重点反馈原则,主要包括四个方面的内容:

中心工作的信息反馈:主要是紧紧围绕企业在各个时期的中心工作和部署,有针对性地反馈领导密切关注的信息。它需要一方面及时了解企业新的方针、工作部署,经常分析每个时期、每个阶段领导在想什么、抓什么;另一方面了解一线基层在做什么,根据企业要求怎样在做。

新情况、新问题的信息反馈:包括新鲜事物,老情况老问题在发展过程中出现的新苗头和新矛盾,以及在特定地区产生的新情况和新问题。

关心的和敏感的热点信息:每一时期、阶段总有一些舆论关注的热点。秘书应该把企业员工、消费者、客户、合作伙伴等在一个时期内关心关注、或是议论较多的信息及时反馈给企业领导。

重大突发性事件信息反馈:企业管理过程中,总会有一些意外事件发生。对于重大的突发性事件,秘书应该及时将事件的前因后果,事件进展情况以及事件处理后的反映等信息及时反馈给企业高层。

(三)系列反馈原则

系列反馈原则包括两个方面的内容:

一是由于企业中的各个职能部门都有其特定的职能和工作目标,所以,秘书在信息反馈时要围绕各职能部门的发展目标提供相关信息。不能注重了一方面而忽略了另一方面,而应做出全面综合信息反馈,以便做出具有全局性的周密的决策。

二是要抓住因某一情况变化而引出的一系列情况变化,进行信息反馈。任何事务都不是孤立存在的,而是与周围的许多事务有着千丝万缕的联系。秘书信息反馈不仅要对变化的本源做出反馈,而且要对所有被引发的变化做出系列性的反馈,以便了解掌握全面情况。

(四)连续反馈原则

任何事物都有其产生、发展、结束的不同阶段,秘书信息反馈应根据事物发展变化的阶段性特征，进行不间断的适时的反馈，以求及时掌握事物的动态，并根据具体情况做出相应的决策。

(五)正负并重原则

正负并重原则就是喜忧兼报，这是科学决策的要求。科学决策必须建立在真实、准确、全面的信息基础上，要做到这一点，既报喜又报忧是最基本的要求。报喜信息是反映成果、正确做法的信息，可以帮助人们总结经验、树立典型、制定政策；而报忧信息则是反映工作失误、突发事件或问题的信息，有利于分析工作中带倾向性的问题，修正错误，针对性地采取策略，把问题解决在萌芽状态，完善做法，化忧为喜。秘书要明确信息工作的职责，提供全面、真实、准确的信息，既报喜又报忧，科学地反馈信息。

任务二　熟悉信息反馈内容方法

一、信息反馈的内容

秘书要通过不断的信息反馈，将信息使用过程中产生的效应及活动中不断产生的大量信息进行再收集、再处理、再传递。信息反馈的主要内容有：

(1)有关方针、政策和重大工作部署执行情况的信息；

(2)工作中的新事物、新做法和有推广意义的经验型信息，以及一些新思想、新观点和独到见解；

(3)反映工作中存在的矛盾和问题，特别是政策问题的逆向性信息；

(4)对全局有一定影响的带倾向性、苗头性信息；

(5)反映意见、建议、呼声、心态的信息；

(6)反映重大事件、突发事件的信息。

二、信息反馈的方法

在企业管理活动中，衡量反馈信息价值的大小，主要看它是否能对高层决策充分发挥其监督、检索、调整、完善的功能。因此，信息反馈方法的使用，必须以在决策的执行过程中增强其实际调节作用为出发点，运用多种手段，开辟多种渠道。一般来讲，通常使用的信息反馈方法有以下几种：

(一)典型信息反馈

通过某些典型部门的情况、某些典型事例，甚至是某些代表人物的观点言行来反馈有关信息。典型信息反馈一般选取企业一个部门、一个客户、一个地区市场，或某一方面出现的新动态，或者是市场上新出现的某种细微现象或苗头。这些动态、现象和苗头具有较强的代表性，对于企业经营管理和决策具有较大参考作用，可以收到以小见大的效果。采用典型反馈方法，所选典型务必要有代表性或权威性，反馈的内容一定要全面、准确，尤其是对某些局部特有的现象,一定要进行去伪存真、去粗取精的加工处理,使得这一典型能够真正反映出真实情况。

(二)综合信息反馈

把不同部门、不同管理层、不同员工、不同区域市场、不同消费者、客户、合作伙伴对企业某一项决策反映汇集一起,通过分析归纳,找出其内在联系,形成一套比较完整、系统的观点与材料,集中进行反馈。这种方法是秘书在平时工作中运用较多、效果明显的一种反馈方法。综合信息反馈包容面广,信息量大,材料翔实,传报及时,对企业高层迅速掌握市场动态和企业系统动向十分便利。综合信息的方法主要有兼容、扬弃、提炼、演进。

兼容:把来自不同角度、不同方面的反馈信息兼收并蓄,从而取得多样规定性的统一。

扬弃:对众多信息资料中合理的部分予以保留发挥,对不合理的部分予以摒弃否定,以求得反馈的科学性。

提炼:把零散的、表象的信息通过提炼升华,实现其有序化和理性化。

演进:在真实准确反映事物现状的基础上,对其未来的发展趋势作出预测。

(三)跟踪信息反馈

对企业的各项决策有计划地进行全面跟踪,分步骤地组织连续反馈,形成反馈系列。跟踪信息反馈针对性和计划性强,能够系统的反映过程,有利于指导工作。搞好跟踪信息反馈,关键是要熟悉决策实施的总体步骤、阶段内容以及该项工作与其他工作的相互联系,使整个反馈首尾贯通,环环相扣,完整地体现出决策实施工作的全貌。

【职场吹风】

取得顾客反馈信息的九种方法①

从顾客那里得到有价值的反馈信息,你可以学到许多有利于业务发展的东西,比如顾客购买你的主要产品只是为了得到免费赠送的礼品,顾客可能觉得你的网站导航不太方便,等等。了解到诸如此类的重要信息,你可以做出相应的调整,例如改进网站设计、产品或服务、广告以及营销策略等。

下面是取得顾客反馈信息的九种方法:

(1)定期采用调查表及问卷。可以用多种方式公布调查表,如发布在你的网站、电子刊物、新闻通讯、直邮资料以及放置在产品包装箱内等,也可以张贴在网上信息公告板、电子邮件讨论列表或新闻组中。

(2)为顾客创建在线社区。包括聊天室、公告板、讨论组等,你可以作为主持人定期了解顾客对你的业务的谈论和看法。

(3)向一组顾客分发产品。通过这种方式请顾客使用并评论你的产品,请顾客将评论表寄回给你,有的顾客会填写你的调查表,也有的顾客将不会给你反馈信息,但只要能得到的反馈信息大都很有价值。

(4)为你的网站访问者提供免费的在线产品。这些产品可以是电子书籍、搜索引擎登

---

① 中华服装网,http://www.51fashion.com.cn/

记、E-mail 咨询、网站设计等，作为回报，请他们填写一个关于你的网站、产品或服务、顾客服务等简短的调查表。

(5)创建顾客服务中心小组。邀请 10～12 个最忠诚的顾客定期会面，他们会给你提供改进顾客服务的意见，你可以付给他们酬劳、请他们出去吃饭或者提供给他们免费产品。

(6)定期与顾客保持联系。为顾客订阅免费的电子刊物，询问顾客你的网站更新时是否用 E-mail 通知他们，每次购买之后，继续了解顾客对购买是否满意。

(7)使顾客便于和你联系。提供尽可能多的联系方式，允许顾客通过 E-mail 与你联系，把你的 E-mail 地址设置超级链接免得顾客重新输入地址，提供免费电话号码和传真号码，这样方便顾客表达他们的意见。

(8)在顾客的生日或假日定期保持联系。为终生顾客发送礼物以示感谢，通过 E-mail 发送问候卡，打电话亲自祝贺顾客节日愉快，你可以询问他们对你们的服务是否满意。

(9)邀请顾客出席公司会议、午宴，参观车间或参加讨论会。为顾客创造特别的参与机会，如晚会、野餐、舞会等，在这些活动中公司员工与顾客可以相互交流，可以得到对公司业务有价值的反馈信息。你可以使用上述几种或全部方法以获得顾客有价值的反馈信息，当然并非只有这些方法，你也可以提出你自己的方法来。

××公司产品销售市场信息反馈表

营销区域： 编号：

反馈信息类别		反馈人	
反映内容	日期： 年 月 日		
部门负责人意见	日期： 年 月 日		
销售管理部意见	日期： 年 月 日		
相关部门查证结果及意见	日期： 年 月 日		
营销意监意见	日期： 年 月 日		
总经理批示	日期： 年 月 日		
处理结果			

图 3-11 市场信息反馈表

三、信息反馈要求

反馈信息一般来源不同，在原始反馈信息中，散点型、动态型、随机型的广度信息多，综合性、预测性、系统性的深度信息少。为了及时将这些原始反馈信息从各信息渠道分门别类收集上来，加工后供决策时参考，必须在遵循信息反馈原则的基础上，按照信息反馈工作的要求去进行。

（一）能够正确识别反馈信息

企业管理工作的整个过程，实际上就是信息处理的过程。秘书每天都要通过不同渠道，收集来自各方面的信息，其中包括企业内部信息、外部信息、社会信息，等等，这些信息都是决策的重要依据，但并不是所有这些信息都是反馈信息。由于不同信息产生的效应不尽相同，而且反馈信息在决策过程中意义重大，故必须对反馈信息加以正确识别。

首先，不能混淆信息。有些秘书把其他公司一些的新情况、新经验、新问题当作本公司反馈信息。这对于决策虽然有借鉴意义，但不能正确反映本企业的实际情况，反而可能破坏本企业的正确决策。再比如企业对过往的生产管理工作情景的总结分析，这些信息也不能准确反映当前企业决策执行情况，亦不是反馈信息。

其次，信息不能以假乱真。在秘书信息工作中，往往会因为各种原因将失真信息当成一种反馈信息。失真信息不仅不能客观、准确反映实际情况，一旦被企业领导所认可应用于企业决策，就有可能给企业造成巨大损失。信息失真的原因很多。在传递、处理过程中，信息可能被企业的各级组织进行了多次综合和分解，内容发生了很多变异；在信息加工过程中，信息人员也会掺杂个人的理解，造成信息内容偏差；更有甚者，为了个人或小团体利益，故意夸大事实或有意回避矛盾和问题，弄虚作假，形成信息失真。秘书应该尽可能掌握原始信息，避免信息污染，千万不能把失真信息作为反馈信息反馈给上司。

（二）注重信息反馈的途径

将反馈信息由信息接受者传到信息发出者，必须通过一定的信息载体，这些载体即为反馈途径。秘书常用的信息载体包括电信传输装备（如电话、电报、传真机、电视等）、各种文字符号材料（如文件、图表、简报等）、计算机网络。信息的反馈途径是由信息接受者将接收信息后所产生的反应传输给信息发出者的通道。信息反馈及时、准确与否，与信息的反馈途径具有直接的联系。秘书应该尽量缩短反馈途径。信息反馈的途径越长、层次越多，反馈所需时间越长，故障就越多，造成信息失真的概率也就越大。因此，为保证反馈信息的时效性，特别是对一些重大的、时效性强的信息允许减少层次，直接反馈。在反馈过程中，可以根据信息特点选用不同的载体，如利用电话、传真等可以解决远距离的信息反馈，利用图表等材料可以对信息进行定量和直观分析。

（三）加强调查研究工作

秘书必须高度重视调查研究工作，只有在大量的充分的调查研究的基础上，才有可能提供高质量的反馈信息。

首先，要通过调查会、个别访问、书面调查、实地考察、民意测验等多种不同方法经常深入基层,及时了解公司决策执行过程中出现的一些新情况、新问题,摸清弄透这些问题出现的真正原因,从而掌握大量的第一手资料,提高行政反馈信息的准确性。

其次,对通过企业各渠道报送的一些重要信息进行跟踪调查,特别是对一些比较模糊的问题,更应彻底弄清。要通过调查,充分挖掘深藏在一些零散的表层信息中的内涵,从而提炼出有价值的高层次信息。

第三,针对上司要求开展专题性调查,提供一些"适销对路"的"拳头产品",提高信息的使用价值。

实 训

实训项目:信息传递

【任务目标】

了解信息传递的途径和方式,掌握信息传递的方法,能够根据信息的形式、类型、使用目的及信息接收者的不同,选择有效的信息传递方法,掌握信息工作的初步技能。

【实训任务】

这天早上上班,夏婷刚打开电脑就被网易上一条新闻标题吸引了。出于职业敏感,她马上浏览了这条新闻:

服装抽检近半不过关　温州时代、开太等陷"质量门"

浙江在线讯:天气渐冷,商场促销风潮袭来,温州各大百货商场纷纷推出以周年庆等为主题的各类促销活动。

然而就在此时,温州市工商局消保处公布的服装监测结果却让人大跌眼镜:在时代广场、开太百货等知名百货商场以及人民路专营店等销售的77种知名品牌服装中,抽检合格率仅为51.2%。

近半抽检服饰不合格,这样的"质量门"事件,不由给眼下这片火热的促销氛围蒙上了一层阴霾。

工商抽检:77种服装合格率仅过半

此次工商部门随机选择了时代广场、开太百货、华侨国际名品广场等大型商场以及人民路专营店、府前街专营店,抽检了78批次、27家企业经销的77种知名品牌服装。

时代广场、开太百货等大商场,都是温州炙手可热的消费场所。与此对照的是,此次工商抽检的服装产品中,合格的为40批次,不合格的为38批次,合格率仅51.2%。据抽检报告显示,色牢度、纤维含量、纰裂程度、pH值和甲醛含量等不合格,是主要的质量问题。

记者在市工商局消保处提供的"黑名单"中看到,时代广场销售的ELLEHOMME短袖T恤是甲醛含量不合格、Boss-sunwen男装上衣是耐湿摩擦色牢度不合格;开太百货销售的odbo中长背心是耐水摩擦色牢度不合格,茱茱针织衫是耐洗色牢度(罗纹)、耐汗渍色牢度(罗纹)、耐水色牢度(罗纹)不合格。

这些指标不合格,会对消费者有什么影响呢?工商人员回答了这个疑问:甲醛对人体呼吸道和皮肤产生强烈的刺激,易引发呼吸道炎症和皮肤炎。色牢度、pH值等不合格的话,产品有可能刺激感染人体皮肤,特别是当人体处于剧烈运动时,汗液分泌旺盛,这些有害物质更容易通过汗孔侵入人体,时间长了可能会造成一定伤害,应予禁止生产与销售。

市民质疑:"名店+名品"质量不保险?

此次"质量门"事件经媒体曝光后,引起了多方关注,温州一些活跃在网络论坛的网民们也纷纷发表自己的看法。

"我们买衣服都是冲着名店、名牌去的,却想不到名店卖的名牌产品居然质量也会这么差,太不值了。看来就算是名牌也并非令人信赖。"一早看到报纸上的报道,市区的杨先生颇为气愤,"要在质量上赢得消费者的信赖,才是企业经营的第一重点。"市民颜先生在某商场单次消费就达3 000多元,对此他表示无奈:"确实没想到,千元服装也保不了质量,亏了。"

不过,部分市民尤其是女性消费者,却对此次质量事件持冷静态度。"这种问题以前就经常爆出来,看来去大商场购物也要留个心眼,以后都要把购物小票保管起来。"市民施小小告诉记者,这些大商场能让这么多不合格的产品进来销售,应该也是有责任的。"服装都如此,那其他产品呢?"

网民张小姐担心,就像化妆品上标明所含成分一样,衣服的各项指标也应该有详细的标注。毕竟衣服是穿在人身上的,跟皮肤有直接接触,有些化学染料不达标还会引起过敏反应。"这次工商局的做法很好,应该曝光这些牌子,让消费者有知情权,明明白白地购买。"

商场表态:及时下架处理暂停销售

"质量门"已经摆在眼前,能不能退换货?商场采取了什么后续措施?显然更让市民关注。

时代广场总经理办公室主任王竟表示,对本次抽检不合格的服装批次,商场已经采取及时下架处理暂停销售,并通报厂商对不合格项目进行整改。"抽检到的产品基本都是新上架的秋冬款,还没有销售,因此还不存在消费者退换货的问题。"

对于色牢度、纰裂程度、pH值等项目不合格的批次,时代百货将监督供应商对这部分余货予以统一退回,并通过供应商与服装生产商沟通,要求其出具质检报告。对于部分符合国家质检总局抽查结果但在本次抽检中不合格的批次,按照本次要求进行整改,质量达标后再重新上架。

记者了解到,涉及的商场正在召开内部协调会,并与相关厂商商讨如何处理。关于退换货,部分商场表示,商场正与工商部门协商具体操作方式。

工商部门:市民可向商家要求退货

市工商局消保处处长孟清弟表示,该局已要求各基层工商所认真做好后续处理工作,加强对辖区内服装商品的专项检查。执法人员在检查中,如发现与此次抽检中发现的不合格商品同一规格、型号、批次的商品,要按程序依法进行处理,并按相关规定对相关经销单位处以涉案商品价值两倍金额的处罚。对标识,标注不合格的商品,要依法责令停止销售,并视情节轻重,依法处理。

对产品内在质量不合格的商品,如耐汗渍色牢度、耐水色牢度、耐湿摩擦色牢度、耐光色牢度、纤维含量、耐洗色牢度等项目不合格的商品,工商部门要求区分不同情况,分别采取责令暂停销售、追回已售出商品等措施。

消费者如购买到与此次抽检中发现的不合格商品同一规格、型号、批次的商品,可向商家进行退货。若商家不给予退货,消费者可向12315进行投诉。

逸闲服装一直都寄希望能够进入竞争激烈的温州市场。上个月在市场部黄经理的带领下,终于工作有了起色——经过和温州时代广场多方洽谈,逸闲服饰终于进入这个温州重要的服装卖场。店铺现在还在装修中,下周就可以正式营业了。现在突然发生这样的事情会不会影响营业,对公司在温州市场的开拓会不会有影响呢?小夏意识到事情的重要性,觉得应该马上把消息告诉黄经理。

假如你是秘书夏婷,请你完成以下几项工作:

(1)马上通过电话向黄经理汇报有关情况。黄经理指示马上起草一份情况报告送给总经理,同时利用电子邮件向温州区域经理孙文海通报此事件。

(2)起草相关报告,并呈送黄经理和总经理。

(3)给温州区域经理孙文海发送邮件。

【任务实施条件】

(1)教室、实训室或计算机机房。

(2)电话、电脑、打印机、打印纸。

(3)指导老师在上课之前,将待传递信息打印成书面信息材料,交由学生传递。

(4)教师可以根据本校、本地实际情况,适当改变实训任务,比如增加或改用本地信息,以便学生可以更好进行实训。

【任务实施】

(1)组建实训小组。学生4人一小组,分别轮流扮演秘书夏婷、市场部经理黄益明、总经理、温州区域市场经理孙文海。

(2)阅读信息。认真阅读信息,概括信息要点。

(3)电话传递信息。利用电话向市场部黄经理汇报情况,电话汇报时要做到简洁、快速,以便及时得到黄经理的反馈指示。

(4)文字传递信息。将上述信息整理成一篇信息报告,内容应该更加详实、准确、具体。以书面形式递送给总经理和黄经理。

(5)电信传递信息。将报告和新闻原稿以电子邮件形式发送到温州区域市场经理孙文海邮箱。

(6)电话通知孙经理查阅邮件。

【任务评价】

(1)结果评价:

书面信息稿。

电子邮件。

(2)过程评价:

电话语言传递过程。

电子邮件发送过程。

(3)评价方式:

学生自我评价	
学生互评	
教师评价	

实训项目:信息反馈

【任务目标】

了解信息传递的途径和方式,掌握信息反馈的方法,能够根据信息的形式、类型、使用目的及信息接收者的不同,选择有效的信息反馈方法,掌握信息工作的初步技能。

【实训任务】

温州事件和之前发生的缺货事件给公司提了醒,必须建立信息反馈系统。市场部根据工作需要下发通知,要求各地代理商、专卖店区域市场的操作中,要保持与公司的信息沟通,反馈商家、消费者的意见,以便了解市场,了解对手,及时调整市场操作,做到正确决策。

一、需要反馈的信息

(1)消费者意见:产品、技术、外观、价格、促销、售后服务、广告及个人建议

(2)技术或产品新动向

(3)竞争者情况:产品、技术、外观、价格、促销、广告、服务政策、渠道等

(4)本品牌网络结构调整情况:政策、产品、销售、服务、价格、竞争

(5)市场分析

(6)本月销售及进货计划

二、信息反馈方式

(1)固定表格填报

(2)电话沟通

(3)实物(样品收集)

(4)方案复印件收集

(5)综合分析报告

三、工作要求

(1)每月收集各方面对公司的各项意见和建议,填写各项信息反馈表。

(2)随时电话沟通,了解市场竞争状况和区域市场状况。

(3)建立月销售沟通制。

假如你是你所在城市的区域市场经理,请你根据公司市场部要求做好本月的信息反馈工作,将相关信息反馈给市场部秘书夏婷。

【任务实施条件】

(1)教室、实训室或计算机机房。

(2)电话、电脑、打印机、打印纸。

(3)教师可以根据本校、本地实际情况,适当改变实训任务,比如增加或改用本地信息,以便学生可以更好进行实训。

【任务实施】

(1)组建实训小组。学生 4 人一小组,选定小组负责人,明确小组内部分工。

(2)收集反馈信息。请根据市场部通知的反馈信息范围,选择 3 种信息进行收集和整理。

(3)反馈信息。根据市场部通知的反馈方式,选择 3 种方式来反馈所收集的信息。

【任务评价】

(1)结果评价:

信息反馈稿

(2)过程评价:

信息反馈过程

(3)评价方式:

学生自我评价	
学生互评	
教师评价	

【自测题】

1. 请你联系一家企业,为其开设一个企业博客来传递企业信息。

2. 小李是一家化妆品企业的文员,为了更好地为客户服务,经理要求她设计一份《客户信息反馈表》,请你帮帮她。

3. 作为售后服务部,其信息反馈的主要内容应该包括哪些?

模块四　信息开发与利用

项目一 信息开发

【学习目标】

知识目标

了解信息开发的主要形式。

熟悉信息开发的基本途径和常用方法。

能力目标

能够根据特定需要,确定信息开发的主题,围绕主题进行信息的开发。

案 例

海潮公司总经理助理张洁,平时非常注重信息的开发,经常从各种渠道获取信息,翻阅各种国内外经济报刊,从报刊上收集市场信息进行剪贴,汇集成册,供自己和公司使用。通过对剪报内容的分析,她掌握了国内外市场消费者需求的变化情况和发展趋势,为公司领导把握市场行情,进行市场开拓决策提供了有力的依据。

【任务描述】

夏婷到远利股份有限公司担任市场部商务秘书快一年了。这一年来,小夏感觉到自己成长很快,在这家公司、这个岗位上学到了很多东西,也得到公司领导的肯定。这天,黄经理带着小夏陪公司领导到公司第三分厂车间考察。在与三分厂相关领导和职员的交流中,夏婷发现虽然现在电脑很方便快捷,但是三分厂的人对外界的信息掌握得不是很及时,特别是对服装行业的前沿动态知之甚少,缺少危机感。

回来的路上,小夏把自己的发现汇报给黄经理和公司领导,得到了大家的认可。公司刘副总赞赏地看了看小夏,思考了片刻,说道:“小夏,你们市场部信息工作做得不错。这样吧,你负责搞个《服装市场动态》,把你们收集到的服装行业的市场信息利用这个平台,印发给公司各单位。每十天一期。明天就动手,争取这周就弄出来。”

小夏自信地点点头,心想这点小事应该难不倒我……回到办公室,她马上打开自己平时的剪报开始整理起来。

任务一　了解信息开发形式

信息开发是在掌握大量信息的基础上，根据决策、管理、经营等需要，利用科学的研究方法，对信息进行全面挖掘、综合分析、概括提炼，以获得事物发生、发展、变化的高层次信息，从而对事物的发展趋势作出判断和预测，提供全面的、高层次的信息，为工作活动服务。

信息开发能够扩展信息的涵盖面，增加信息容量，提高信息质量，获得最佳服务效果。秘书应积极开发信息资源，挖掘深层次信息，为管理活动服务，创造社会效益和经济效益。

信息开发的要求是扩展信息的涵盖面，增加信息容量，提高信息质量，创造最佳服务。通过各种信息渠道收集的原始信息丰富而庞杂，如果不进行深入开发整理，一揽子提供给领导，领导者的精力、时间和关注点就会被纷繁的原始信息所淹没，不利于决策和提高工作效率。这就要求秘书对大量的、零散的、随机的、个别的信息进行加工、提炼和概括，开发出全面的、系统的高层次信息。

一、信息开发的主要形式

（一）剪报

报纸作为一种信息资源，传递着大量丰富、及时、新颖的信息。剪报就是根据市场的需求，选择不同的专题，确定时间周期，对报刊资料中有用的信息进行选取、组合、编辑制作、传递等工作，是将繁杂的报刊资料专题化、集中化的一种信息产品。剪报是目前开发信息的普遍方法和有效方法，属于一次信息开发，具有实用性强、使用方便的特点。

剪报方法开发信息成本相对较低，获得的信息量也较多。但剪报的许多信息是零散的和缺乏针对性的，有些信息缺乏时效性、可靠性。

剪报的操作步骤：

（1）确定专题；

（2）确定圈选报刊；

（3）准备剪刀、浆糊、储存架、计算机及相关软件用具；

（4）标准化工作。

收集丰富的资料是做好剪报工作的基础，剪报来源也不能仅仅把报纸作为唯一的信息收集途径，还可以从图书、期刊中查找一些时效性要求不高的相关资料。在剪报过程中要注意报纸上信息重复多，甚至有虚假信息存在，筛选工作必须做好，才能保证内容质量。

随着计算机网络技术发展，网上中文信息的日益丰富，这为剪报提供了便捷。我们可以采用电子剪报的方法，使剪报的灵活、及时、丰富的优势得到更大的发挥，成为一种不可或缺的信息产品。

【职场吹风】

现代企业怎样剪报?①

剪报并非新生事物,从四百年前报纸诞生以来,全世界的文人学者,商人政客对此都不陌生。现代企业和机构大多也沿袭了这个传统而又不会泯灭的文化习惯,将源源不断的信息和知识通过剪辑整理,分享传播,更好地为我所用。

随着时代的变迁,信息技术的变革,传媒工业的进步,传统意义上的剪报在实践上已经发生了很大的变化,“剪报”不再是狭义的“报纸”剪辑,信息剪裁的来源还包括各类期刊,文摘,书籍,年鉴,电子出版物、电波媒体和网络信息,信息加工和分发的形式也开始从剪刀浆糊变化成电子信息的交换。“剪报”演变成信息搜集的泛指词汇。

放在二十年前,一家企业如果要做剪报,大多数是国家和地方政府法规,本行业内的一些动态,相关领域的新技术,新方法等。同行业企业之间所需要采集的信息大多雷同,而且,在20世纪八九十年代,媒体少,信息量少,针对企业和产品的新闻报道量也少,所以,那时在中国的大中城市出现了很多剪报公司和剪报服务社,利用一套人手为多个客户制作特定主题的剪报。县级以上的公共图书馆也大多设有相关的部门为当地的企事业单位提供这个服务,至今上海图书馆的剪报服务中心依然在为企业和机构提供服务。

可是,时至今日,企业感觉剪报越来越难,剪报的可用性也越来越差。究其原因,主要还是因为传媒市场的巨大发展,媒体数量和传播规模都越来越大,而现代企业的精细化作业也要求针对不同细分市场搜集不同层次的信息,为不同的部分,不同的目的所用。所以剪报这个原本简单命题的内在需求发生了根本性变化,导致我们不得不重新来研讨现代企业如何来让“剪报”在新时代中更好地为自身服务。

1. 剪报的目的与内容 剪报的形式大同小异,过去是一本本剪贴复印而来的剪报簿,而现在多见的是依托内容管理系统(Content Management System)及其输出的电子文档。但是企业不同职能部门却有截然不同的剪报目的。

(1)为关注当前资讯剪报。对于通常的企业来说,“当前资讯”通常可以包括从宏观经济,行业经济新闻到针对具体企业、品牌和产品的新闻报道,一般都有很强的时效性,因此剪报的周期通常在一天到一周内。这部分内容的剪报已经越来越多地从传统纸媒转移到互联网上,但是除了网络传播以外,报刊媒体依然扮演着原始内容来源的重要角色,尤其是行业报刊,是能够提供最新相关资讯的媒体来源之一,大多数企业都不能完全忽略。搜集当前资讯是剪报的主要目的之一,也是能够提供最大信息量的剪报行为,对于企业提高日常经营决策水平影响非常深远。可以这么说,如果对于这个目标的剪报体系,网络新闻传播能够提供大多数来源,需要额外注意的是本行业内有影响力的行业报刊,至于综合类报纸,他们中的大多数都已经建有比较完整的电子报,新闻搜索引擎可以挖掘出其中大多数内容。根据梅花信息在2007年上半年的一次网络媒体和平面媒体新闻相互渗透的调研

① 任向晖. 现代企业怎样剪报[J]. 竞争情报,2007(2).

中,网络媒体对中国最主要的155份报纸新闻的全文覆盖率已经达到了80%以上。

(2)为搜集知识剪报。知识和上文所说的资讯有所不同,知识没有很强的时效性,但散布在各种类型的传播媒介中。对于企业有用的知识常见为管理方法、项目执行案例和各种培训资料。为搜集知识的剪报和企业知识管理建设工作息息相关,但是在更多没有部署KM系统的公司完全可以通过落实到平时的剪报工作来加强这方面信息的搜集、管理和分享。

对于已经存在互联网上的知识条目,例如名词解释、技术标准、常见效率工具,企业没有必要再通过剪报进行搜集,因为当需要使用这些知识时,搜索引擎能够很快帮助用户找到结果。因此知识剪报可以重点关注来自管理杂志,报纸专栏和一些非经常的出版物上的内容。下图勾勒了知识剪报的内容来源和结构。

(3)为公关评估剪报。公关评估是企业市场部门的具体职能。大多数消费品厂商都特别注重通过剪报来检阅媒体对自身公司,品牌和产品的报道,厘清正面和负面报道的比例关系,监测重大的公关事件报道。同时,消费品厂商在广告发布监测以外还需要监测各种媒体对产品的宣传介绍,使用指南,对比评测等具体的内容,用于评估营销效果。

在这个目标指导下,公关剪报大多监测发行量较大的消费者报刊和主要的电视栏目。而出于对量化研究的需要,公关剪报的重点不仅在于搜集发布的内容本身,还要对发布的频次,曝光的篇幅进行量化统计和对比分析。

2. 剪报的实践方法

(1)纸媒剪报。作为最传统的剪报方式,纸媒剪报依然被大量的剪报用户所采用,尤其对于公关目标的剪报工作,对原始出版物的记录将非常重要。可惜的是纸媒剪报需要投入不菲的人手,需要占用一定的空间和设备。大多数企业剪报者并不可能亲自来进行这个工作,因此在各大城市都有很多为企业提供服务的剪报公司,他们可以根据客户的要求,在选定的媒体范围内,按指定的分类方式来剪辑报刊文章,最后提交给客户打印成册的文件。

但纸媒剪报是一个劳力密集的工作,大多数从事简单重复剪贴工作的员工对于信息标引和分类工作力不从心,很难完全理解客户的需求和精准把握信息的实质。所以企业往往需要花费很长的时间和一家剪报服务公司建立关系,并通过不断的指导和磨合来提高剪报质量。在信息电子化的潮流下,纸媒剪报不断受到挑战,其时效性慢,难以共享等缺陷将制约其成为主流的信息搜集方法。

(2)网络新闻监测。也许新闻注定属于互联网,因为只有网络能够用最快的速度和便利的方法传播新闻。在过去十年内,国内的网络新闻传播已经逐步发展到一个新的阶段。现在大多数主流新闻源都极度依赖互联网,即便是纸媒体的网站,电子报的发行也总是早于纸质报纸上摊。在梅花信息监测的两百份左右的地方报纸中,已经有85%以上建立了电子版网站,其中大多数提供准确的全文的内容,而更有多达五十份报刊统一使用北大方正出版系统所附带的电子报系统发布每天报纸上的电子全文。

在这样的趋势下,网络新闻监测已经毫无疑问将成为资讯剪报的重要工具。在信息服务领域,越来越多的信息监测服务公司开始放弃纸媒体的模转数过程(扫描和进行文字识别),而开始架构网络新闻监测工具。梅花信息在2007年推出的新闻监测服务甚至直接架构在新闻搜索引擎的基础上,对多家新闻搜索引擎的结果进行实时的聚合,重排和分类,并提供一系列的增值内容管理应用。

网络新闻监测的另一个重要优点是信息可以被很容易地在企业内部分享,而不受实体剪报册的约束。专业服务商所提供的新闻监测系统可以协助按照预定将每天获得的信息进行电子化分发,并为不同用户生成不同的视图,其使用效率要比纸质剪报册高很多,而且成本更加低廉。

3. **企业如何使用剪报** 无论采用何种剪报方法,获得的资讯当然要内部分享,但是要注意的是不同职能部门的员工对信息的关注点不同,所以剪报工作在组织过程中就需要事先设计部门用户角色,根据分发的部门进行分类和标引。而分发给决策层的内容更要注意合理的精简和提取重要的片段。

大多数公司并不会设立专门的岗位来负责剪报或协调剪报公司,但是指派一位兼任的专员还是非常必要的。专员的主要职能是考察公司内部组织对信息搜集的具体需求分布,设计剪报分类结构和分发规则,并对剪报内容和剪报公司的服务进行质量控制,尤其要利用自己的行业经验来指导实际从事剪报工作的员工进行准确的信息标引和分类。

(二)索引

索引用途广泛,形式多样,编制简便,是秘书快速准确查找信息、提供咨询、开展信息利用服务的必要手段。

信息资料索引可分为篇目索引和内容索引。

篇目索引用来指明信息资料的出处。

内容索引将信息资料中的事件、人名、地名等一一摘录出来,分别按顺序排列,并指明他们的出处。

(三)目录编制

目录是一系列相关信息的系统化记载及内容的揭示,他依据信息资料的题名编制而成。可供人们了解信息的主题、分类、作者、题名等,进而鉴别和选择信息资料。根据具体情况,可以编制分类目录、专题目录、行业目录、产品目录等。目录编制属于二次信息开发。

(四)文摘

信息资料文摘一方面可以直接向人们提供信息资料的要点和主题,另一方面还可以使人们据此线索,找到原始资料和完整的信息。

1. **文摘的类型**

(1)指示性文摘。是一种篇幅短小的摘要。以向利用者指示信息源的主题范围、使用对象为目的。只向利用者提供信息源中涉及的内容纲要,以使利用者正确了解信息源为原则。适用于信息篇幅长、内容复杂的情况。

《河南物业》信息文摘

非赢利共享型信息选编　　半月刊　　试刊第7期/20090610

主办：河南省物业商会　　媒体支持：河南物业网

【商会动态】——河南省物业商会组团赴西安交流学习的通知
——全国政协主席贾庆林到亚星盛世家园小区调研
——亚星盛世家园2009年度第一届业主联谊会

【行业要闻】——首家全国性的股份制物业管理集团成立
——安徽省直行业协会2009年将分批与主管部门脱离关系
——广州：生活小区试点首个宠物公厕
——广州：不劝阻、制止小区“房中房”物管公司要受罚
——青岛：电梯收费盼分“阶梯”物业办将尽快出台新标准

【法律法规】——最高法出台处理建筑物区分所有权及物业服务纠纷的司法解释
——重庆物业管理条例：小区失盗物管担多少责按合同约定说了算

【案例选编】——物业阻止业主“扩建”花园获法院支持

【学习平台】——物业管理企业发展战略问题探析

河南省物业商会编写的信息文摘

(2)报道性文摘。是原文要点较详细的摘要。以向利用者提供信息的实质性内容为主要目的,是信息源的浓缩。适用于主题比较单一集中、内容新颖的信息资料。

2. 文摘的特点

(1)篇幅短小;

(2)主要内容语义上相同;

(3)对信息进行准确简化;

(4)不加评论和补充解释。

3. 编写文摘的步骤

(1)浏览信息,初步确定编写哪种文摘较适合;

(2)分析信息内容,将有用信息分解为要素,理清主次;

(3)选择与确定内容要素;

(4)进行概念综合并书写成文;

(5)检查内容准确性与推敲润色文字。

(五)信息资料册

它既有历史资料又有近期资料。人们通过它,可以对有关行业、产品的历史与现状有所了解,使用价值很大。

(六)简讯

简讯是一种以简明扼要的语言报道最新动态信息的三次信息产品。通常用“××快报”、“××动态”、“××快讯”等冠名。属于三次信息开发。三次信息的开发工作是根据特定需要,在充分收集有关一次、二次信息资料以及必要的实地调查基础上,运用科学的

研究方法进行信息排序，从而使处于分散或无序状态的信息有效利用的一项工作。

（七）调研报告

是一种在实地调查获得数据、事实的基础上，经过分析研究后得出能真实反映有关事件的本质特征信息的三次信息产品。

案 例

丽娜经常翻阅各种国内外经济报刊，广泛涉猎公开出版物的信息，专门从报刊上收集消费市场的信息进行分类剪贴，汇集成册，供自己或他人使用。通过对剪报的分析研究，丽娜发掘出有价值信息，得出了服装市场消费者需求变化情况和发展趋势。在此基础上，及时深入市场进行调查研究，取得大量第一手材料，验证了自己的判断，并向上司提供了信息调研报告、调研资料和有关信息材料，为上司把握市场行情、进行产品决策提供了依据。以下是她撰写的分析报告提纲：

2008—2009 年中国服装行业消费市场分析

一、中国服装消费者收入分析

（一）中国人口、人民生活分析

（二）2008 年消费者收入水平

（三）2009 年消费者信心指数分析

二、2008—2009 年我国服装市场消费需求分析

（一）2008 年我国服装市场消费需求情况

（二）服装消费市场调查

（三）金融危机影响下服装消费需求走势

（四）2009 年纺织服装外销市场消费需求预测

任务二　熟悉信息开发途径和方法

一、信息开发基本途径

编写是信息开发的基本途径。所谓的编写就是以书面形式，利用文字对信息进行整理、提炼，形成信息材料的过程。不可否认，编写水平的高低直接影响信息工作的质量和信息本身的价值发挥。秘书通常在工作中编写的信息材料包括摘要、图表、简报、快讯、可行性方案、调查报告等。秘书要做好信息编写工作，一方面在编写信息时要做到主题鲜明、角度新颖、言语精练、结构严谨、标题确切、内容客观；另外一方面还必须掌握信息编写的基本步骤和方法。

（一）信息编写的步骤

信息编写过程从本质上而言就是文章的写作过程，通常包括以下几个步骤：

1. **确定主题**　任何信息在编写之前都要确定主题,主题是核心,直接关系到材料的选择和取舍。秘书在确定主题时必须紧紧围绕上司的工作重心,围绕着企业当前经营管理现状,围绕着公司的经营业务范围,有针对性地选择主题,组织材料,只有这样编写出来的信息才能对企业或是上司的工作有辅助作用。

2. **分析材料**　确定主题后,围绕主题对调查或通过其他渠道获得的原始信息材料进行分析、梳理,决定取舍。一定要选择那些能够表现主题的,富有典型性的材料。秘书对信息材料进行分析的过程中特别要注意鉴定信息材料的真伪,把错误的信息材料提供给上司决策参考,会给企业带来灾难的。其次还要注重信息的时效性。市场经济,信息稍纵即逝,没有时效性的信息在本质上是伪信息。

3. **材料组合**　材料组合就是根据主题,对已经选定的材料,按照逻辑顺序进行组织,使之成为整体。在材料组合工作中,秘书特别要注意组合过程,要根据材料的特点、性质、形态、作用及相互关系,将它们合理组织、搭配起来。材料要互相支持,防止矛盾、排斥。如同建筑的材料一样,水泥、钢筋、砖木要合理搭配,才好建筑高楼大厦。同时材料也要互相联系,防止简单罗列、拼凑。

(二)信息编写的类型

1. **经验型信息**　经验型信息是反映一个地区、一个单位、一个部门某方面经验的信息,侧重于对事物发展规律的认识和探索,提示事物的本质。

经验型信息的编写可用顺叙法,即先写做法和经验,后写效果;也可采用倒叙法,即先写效果,再写做法和经验。经验型信息的编写必须:内容具体、观点明确、分析透彻、数据充分。经验型信息应典型,具有实际指导意义。秘书要通过调查总结经验,善于借鉴和浓缩有关的调研成果。

2. **问题型信息**　问题型信息即负面信息,分为已经发生、正在发生和将要发生三种。它由标题、背景和问题三部分构成。背景指问题发生的时间、地点、条件、原因等。问题部分事实要准确,表述要清楚。在提示问题的同时,应提出解决问题的方法。

3. **建议型信息**　建议型信息一般由标题、背景、建议内容及理由组成。建议型信息的编写要有针对性,既要反映问题,又要提出解决问题的措施办法;建议要有理有据,切实可行。

4. **动态型信息**　动态型信息反映某项工作、活动或事件的发生、发展和变化,说明客观情况,可以使领导从大量动态现象中看到问题的本质,预测未来。

动态型信息的编写必须:标题简洁、新颖;内容准确无误;材料重点突出,全面反映客观过程;背景材料便于使用,增强信息的价值作用。

5. **预测型信息**　预测型信息由标题、预测内容和预测根据三部分组成。预测内容包括:工作情况、社会动态、经济动态、市场前景等。预测根据必须充分,合格证情况真实,数据准确。

二、信息开发基本方法

信息开发的常见方法包括:归纳法、汇集法、浓缩法、连横法、纵深法、转换法、图表法。

（一）归纳法

传统的归纳法指的是通过对个别的一些经验事实和感性材料进行概括和总结，从而获得普遍的结论、原理、公式和原则的一种推理方法，是发现新规律的一种思维方法。在信息开发中的归纳法，是指秘书将所收集到的主题大致相同的各类信息材料集中在一起进行分析总结，以获得企业在某一方面的工作动态。归纳法要求分类合理、线条清楚、综合准确。

（二）汇集法

按照信息材料所反映的主题，把主题相同的原始信息材料汇集在一起进行编写的方法称之为汇集法。汇集法适宜于反映一个地区或一个部门某方面的状况。在信息资料较多，面宽的时候较为适用。

（三）浓缩法

浓缩法是以突出主题，简洁行文为目的，对信息材料进行压缩结构，减少段落层次等处理，减少信息材料的文字篇幅的信息编写方法。在信息材料数量巨大、篇幅巨长的情况下推荐使用。

浓缩法能有效缩短信息阅读时间。在使用浓缩法过程中要做到一篇信息资料只表达一个中心思想、阐明一个观点。语言上要做到精练，简明地表达涵义。

（四）连横法

连横法是相对于纵深法而言的。它与纵深法不同，是把信息进行横向的分析比较，从而编写出新的信息资料。秘书在采用连横法时应特别注意所选择用于比较的信息一定要有同质性，也就是可比性。信息材料来源、年代、地域特征等区别较大的是不适宜进行连横比较的。

（五）纵深法

纵深法又称之为层进法，是指秘书在进行信息开发时，根据主题要求，把相关信息进行纵向的比较分析。纵深法中所使用的各类信息材料之间是存在内在的某种联系的，并且这种联系是层层递进的关系。采用纵深法使得所开发的信息具有一定的深度，也符合人们认识事物的逻辑顺序。

（六）转换法

原始信息中若有数据出现，应把不易理解的数字转换为容易理解的数字。

（七）图表法

如果原始信息资料中的数据有一定的规律性，可以将数据制成图表，使人一目了然，便于传递与利用。

【职场经验】

秘书信息开发注意事项

拓宽信息渠道，广泛及时收集信息，重视信息的积累与升华。

加强对信息的分析综合，提高信息的广度和深度。

注重概括提炼,提高信心的精度和纯度,从大量原始信息中提取高层次信息。

加强调查研究,提高信息的可信度和可用性。

建立人机配套的信息网络开发系统。

讲究信息开发技巧,围绕中心开发、抓住热点开发、针对难点开发、找准亮点开发、超前预测开发、突出特色开发。

项目二 信息利用服务

【学习目标】

知识目标

熟悉信息开发的形式、途径、方法。

理解信息利用服务含义,熟悉服务途径和程序。

能力目标

能够根据特定需要,确定信息开发的主题,围绕主题进行信息的开发。

能够利用各种途径提供信息利用服务。

案 例

博雅集团准备申报国家一级建造资质企业,总经理秘书马云受命起草申报材料。为了写好申报材料,马云来到公司信息资料室,要管理员小周把这几年反映公司建筑业绩的信息资料统统给他找出来,还有去年国家建设部的主要领导人来本集团视察工作的录像资料原件等,都要借去做参考,而且可能要过较长一段时间才能归还。

小周热情地接待了马秘书,问明来意后,却对马秘书表示歉意:虽然这些信息资料都有,但是现在不能借给您。面对位高权重的马秘书,小周不卑不亢,有理有节,把个中理由娓娓道来……

提示:1. 小周为什么不把这些信息资料借给马秘书?

2. 假如你是小周,你会怎么做?

【任务描述】

远利股份有限公司计划下月召开一年一度的市场销售工作会议。大会上分管销售市场工作的副总富春伟要做工作报告,对上一年的市场销售工作进行总结,并且部署今年的工作计划。为了做好报告的起草工作,市场部专门成立了起草小组,黄益明亲自担任组长。夏婷被安排负责提供相关信息资料。为了使报告切实反映工作实际,黄经理要求夏婷把原先收集和存储的能体现工作实绩的信息整理出来,特别强调整理出各类数据统计表,并把各省级市场办事处提交的总结和计划进行编辑加工形成报告。

信息利用服务就是通过各种有效的方式和方法,将收集、处理、储存的信息资源提供给利用者,发挥信息的效用。利用是信息工作的出发点和归宿。它有利于实现信息的价值,促进管理水平的提高;有利于信息的增值和信息资源共享;有利于提高各级组织决策的成功率。

值得注意的是"信息利用服务"和"利用信息"是两个完全不同的概念。虽然两者都是对信息的开发利用,但是利用信息是指利用者为了研究和解决各种问题使用信息,其主体是利用者。信息利用服务是信息管理者为了满足开发利用需要向利用者提供信息材料的服务工作,其主体是信息工作者。

从秘书工作角度而言,秘书信息工作的全部意义在于充分利用信息,发挥参谋助手作用。因此,秘书要围绕工作中心,积极开发信息,主动服务,提高工作水平。

任务一 熟悉信息利用服务途径和程序

一、信息利用服务的途径

(一)信息检索服务

信息检索服务是从信息集合中迅速、准确地查找出所需信息的程序和方法。这里所说的信息集合指的是有组织的信息整体。它可以是数据库的全部记录,也可以是某种检索工具,还可以是某个图书馆的全部馆藏。信息检索也就是从数据库、检索工具以及馆藏中查找所需信息的活动。

企业管理中的信息检索服务,是指秘书根据上司或相关职能部门的利用要求,在企业信息资料室、计算机信息系统或是其他检索工具中有选择查找和提供相关信息资料的服务工作。信息的检索服务常见的形式如:信息复制、信息发布服务、信息借阅、档案开放等。

秘书在实际工作中应积极主动地为上司提供各类信息检索服务。根据上司的工作中心,及时地提供工作中所需的各类信息资料。如企业研究制定产品开发计划时,秘书应提供有关科学技术论文、专利调查、生产技术转让服务、国内外同行业同类产品的生产和发展趋势材料,有关国内外市场变化、顾客消费习惯、购买力水平资料,有关本行业同类产品的品种、质量、专业化协作程度、经营管理状况、职工技术水平、原材料自给率资料,有关国内竞争对手的社会信誉、产品开发的标准文件、技术进步等资料。只有在这些信息资料的基础上进行决策,才会为决策提供保障。①

(二)信息加工服务

即通过对信息内容进行分析研究、选择、加工、编辑后,利用信息成果的方式。这种利用方式建立在对信息加工的基础上。

① 刘萌.商务秘书信息与档案工作[M].北京:中国劳动社会保障出版社,2005(81).

(三)定题、查询信息利用服务

即针对特定的主题和内容向利用者提供需要信息的服务方式。日常工作中,上司、内部机构经常提出一些需要查询的问题,涉及各方面的内容,如查找报刊文献资料,核查具体数据,了解国内外某些重大事件等。查询、解答这些问题,必须记录、存储足够的信息资料,通过查找信息资料,回答问题的全部或部分。

(四)信息咨询服务

改变所收集或储存信息的形态而产生的新信息服务。其表现形式有:问题解答、书目服务、报刊索引服务、信息线索咨询服务;数据、统计资料的咨询服务;利用者教育服务等。

(五)网络信息服务

信息网络服务是建立在现代信息技术的基础上,以计算机硬件和通信设备为依托,以应用软件为手段,以数据库信息资源为对象开展信息利用服务。它可将信息提供服务和信息咨询服务统一起来,有助于最大限度地实现个别化服务。主要表现形式有:电子信息的发布、电子函件、电子公告板服务、联机公共目录查询服务、光盘远程检索服务、远程电话会议服务、用户电子论坛、用户定题服务。

二、信息利用服务程序

秘书要做好信息利用服务工作,必须掌握相应的工作程序。无论信息提供利用服务工作的方式如何变化,其基本工作程序大致相同,一般包括熟悉、预测、咨询、提供信息四个关键环节。

步骤一:熟悉

信息利用服务与利用信息完全不同。信息利用服务的主体是秘书,利用信息的主体是利用者。因此,秘书要做好服务,首先必须对自己管理的信息了如指掌,透彻地了解收藏信息的内容和成分以及各种信息检索工具的使用方法。

步骤二:预测

作为一项服务工作,信息提供利用必须先搞清楚服务对象的性质、范围,并根据服务对象的特点,科学预测它们所需要的服务信息的内容。只有把握信息利用需求的发展规律,科学把握了服务对象的信息需求,我们才能有的放矢,服务工作效率才会高。

步骤三:咨询

咨询既是信息利用的重要形式,也是信息利用服务程序的主要环节。秘书应想方设法提高咨询服务的质量。这一方面依赖于秘书个人素质地提高,尤其是树立信息服务意识,另外一方面要加强业务能力。秘书通过咨询服务向利用者介绍相关的主题的信息情况。

步骤四:提供信息

秘书在回答利用者相关咨询时,还应根据实际情况向利用者提供所需的信息及信息加工品。

任务二　开展信息利用服务管理和评价

一、信息利用服务的管理

(一)信息利用服务中可能发生的问题

无论是哪种载体形式的信息,也无论因何原因被使用,都必然要发生信息流动。信息在流动过程中必须严格规范管理,否则可能就会出现下列问题,给企业造成不必要的损失:

1. **损坏**　利用者如果随意在信息上做记号、勾画,或对信息进行随意涂改,容易引起信息污损。阅读信息资料时吃东西、喝水等也会致使信息资料受到污染导致霉变。利用电子信息时,操作不当则容易导致信息感染计算机病毒、损坏等。

2. **丢失或逾期不还**　信息利用管理制度或手续不健全,如未进行借阅登记、外借登记等会造成信息资料丢失或逾期不还。有些利用者违反规定,擅自将信息资料带出阅览室,或随意将信息资料转借他人,造成丢失。更有甚者,为方便个人利用私自拆散、调换或抽取信息资料档案造成资料或档案的遗失不全。电子信息资料也会因管理不规范、计算机技术水平等原因受到网络环境中不安全因素的威胁而造成丢失,如未及时对电子档案进行备份或未及时更新杀毒软件造成计算机中毒等。

3. **泄密**　信息管理者或利用者违反规定或未经许可擅自公布重要信息资料;电子信息管理不规范,任由他人阅览、拷贝、摘抄电子信息,对电子信息的外借来建立或未严格履行审查与借阅制度与手续等都是导致信息泄密的主要原因。

(二)信息利用服务中的管理工作

企业信息资料的管理利用中,要做好信息资料的维护与管理,必须保证信息资料的有序完整。

1. **建立信息资料管理制度和审批手续**　为了防止信息资料遭受损失,确保信息安全,必须制定严格的管理制度,包括信息借阅制度、外借管理制度等,严格控制借阅、外借范围、利用要求、数量、种类、时间限制等。除此之外还应完善审批手续。

2. **严格执行信息管理中的登记制度和手续**　做好登记工作,履行登记手续是我们做好信息利用服务管理工作的重要方法和手段。通过登记,我们可以动态地掌握信息资料基本情况,包括谁利用了,什么时间利用,利用什么信息等。常见的信息利用登记工具包括:

(1)跟踪卡。当信息被人利用时,我们应该填写跟踪卡,如实记录利用信息的时间、内容、利用人的名称等基本信息,并放置在原存放处,使其他利用者了解该信息去向。当信息资料被归还时,应及时填写归还时间。秘书应经常检查跟踪卡,对没有及时归还的信息资料要跟踪索回。

信息跟踪卡

借出时间	信息标题	借阅人	单位部门	归还时间	签　名

(2)文档日志。管理信息资料,我们也可以采用文档日志。当借出信息资料时,在日志表上登记签名,归还时在"归还"一栏中签名。有了文档日志,我们可以很轻松地找到某一信息去向,了解信息利用情况。

信息文档日志

序　号	日　期	利用者		利用目的	利用方式	信息标题	利用者签名	归　还	
		姓名	单位					日期	经手人

二、信息利用服务评价

对信息进行利用服务后,还需要对信息的使用情况进行评价,为今后的信息工作改善打下基础。所谓信息利用评价就是在信息利用之后,根据一定的标准对信息的效果、效益和效应所作的分析和判断。它是信息管理的一个重要环节。运用正确的信息评价标准,对信息作出实事求是的评价,对于科学地总结信息实践中的问题,更有效的发挥信息的作用,有着非常重要的意义。

(一)信息效果评价

信息效果评价就是对信息结果实现信息目标的程度做出判断,也就是通过信息的实际结构和理想结果之间的比较,对信息是否实现了预期目标进行分析。信息效果评价是信息评价过程的起点,因此它是否科学和准确,直接关系到整个信息评价的科学性和准确性。

明确有价值的目标和实事求是地确定信息结果,是信息效果评价的前提条件。在明确信息效果评价的标准以后,就需要对信息结果进行分析,实事求是地确定信息结果。所谓信息结果就是该信息行为作用下引起环境变化所达到的状态。一项信息利用之后,如果能有效发挥作用,必然引起环境的某种变化。通过环境变化的分析,可以大致确定一项信息产生的结果。

(二)信息效益评价

对信息效果进行评价后,还必须对信息效益进行评价。信息效益评价就是对信息效果和信息投入之间的关系所作的判断。目的是分析信息在支出了各种费用之后是否获得了充分的效益，与其他信息相比，费用的支出是否经济有效。

信息效益评价注重的是如何以最小的信息投入获得最好的信息效果。因为，在有些情况下，虽然一项信息实施后所取得的结果实现了预期的信息目标，但信息投入过多，得不偿失，这不能算是好信息。信息效益评价的标准是相同费用所产生的最理想效果或相同效果所需的最小费用。所以，信息效益评价的重点是在保证信息目标实现的前提下，是否以较快和较节省的方式实施了信息。所谓信息投入是指实施或维持一项信息所需要的费用总和，包括了交替费用、执行费用和时间费用。

（三）信息效应评价

信息效应评价就是把一项信息放到整个社会系统中，从与之相关的其他要素的相互联系中，对该信息的作用产生的影响所作的综合判断。要对一项信息作出全面的评价，仅仅评价其实现目标的程度和自身的效益是不够的，还必须对它在整个社会系统中产生的影响进行综合评价，以确定它在整个社会系统中，从整体来说其作用是积极的还是消极的。信息效应评价的标准就是从整体看一项信息，其积极作用是否大于消极作用，从而有效地规范人们的行为，以推动经济社会的发展。有时一项信息从其自身来看其效果是好的，效益是高的，但把它放到社会系统中综合考察，其消极作用却大于积极作用，这不能算是好信息。只有从自身来看效果好、效益高，在整个社会系统中积极作用又大于消极作用的信息才是好信息。

实 训

实训项目：信息开发

【任务目标】

了解信息开发的类型，熟悉信息开发的主要形式，掌握信息开发的工作程序。能根据特定需要，确定信息开发的主题，围绕主题进行信息的开发。掌握信息工作的初步技能。

【实训任务】

根据公司市场销售工作会议的部署，为了做好逸闲休闲服饰的战略布局，市场部近期着手对全国的服装市场进行摸底。黄经理指示夏婷，收集全国各省会城市的服装销售市场信息，包括市场名称、地址、规模、成立时间、特点等，制作一份《全国服装销售市场名录》提供给一线市场经理参考。

假如你是秘书夏婷，请你完成黄经理交给你的任务。

【任务实施条件】

（1）教室、实训室或计算机机房。

（2）办公桌、电脑、打印机、打印纸。

（3）教师可以根据本校、本地实际情况，适当改变实训任务，比如增加或改用本地信息，以便学生可以更好进行实训。

【任务实施】

（1）组建团队。把学生分成若干个团队，每个团队以 5 ~ 8 人为宜，选定团队负责人，确定团队任务和内部分工。团队内成员结构要合理,具有互补性。

(2)收集信息。通过网络、报纸、电视等渠道收集全国各省会城市服装销售市场信息。

(3)整理信息。对收集的信息进行整理。

(4)编制信息目录。根据所收集到的相关信息,编制《全国服装销售市场名录》。

【任务评价】

(1)结果评价:《全国服装销售市场名录》(信息内容的真实性、有效性、全面性)。

(2)过程评价:收集工作过程:方法、渠道。

(3)评价方式:

学生自我评价	
学生互评	
教师评价	

【自测题】

1. 秘书如何处理好信息利用与保密两者之间的关系?

2. 请你编写一则近期秘书职业动态信息。

3. 请你实地调查一个公司,收集该公司基本信息资料,并以此为根据编写员工手册。

模块五　信息辅助管理

项目一　秘书信息工作辅助参谋决策

【学习目标】

知识目标

了解决策信息来源、秘书信息辅助决策内容、信息资源管理工作内容。

熟悉秘书辅助决策工作方法、信息资源管理内容。

能力目标

能为决策提供信息保障，在决策的各个阶段有针对性地实施信息开发利用服务，运用有效的信息工作方法辅助决策。

基本适应现代企业信息资源管理工作。

案　例

黄俊是枫泾鞋业有限公司的总经理秘书。近年来，枫泾鞋业发展迅速，业务和利润都有明显增长。一天，黄俊在浏览报纸时，看到一则新闻说农村鞋市场缺口很大，农民买鞋的苦恼不少。他赶紧找笔记下这些信息，还查找了相关资料。然后他赶紧把这一信息告诉正为市场开拓烦恼的总经理，并建议开发农村市场。总经理对这个建议很感兴趣，并派市场部人员深入农村做调查。

就在众多商家为争夺市场拼得你死我活的时候，枫泾鞋业已经独辟蹊径，迈出“农村包围城市”的新路子。仅仅利用半年时间就在全国设立了200多家县、乡销售点，稳稳地占据了市场。

提示：1. 枫泾鞋业的成功给你什么启示？

2. 从黄俊身上你感悟到什么？

【任务描述】

服装业经常收到各类展览会的资料、电话。这天上午，夏婷在办公室接到了大学同寝室好友杨莉打来的电话。原来杨莉最近跳槽到一家会展公司上班。她们公司下个月将在上海举办一次服装展览会。杨莉首先想到的就是在服装公司市场部上班的老同学了。下午，黄经理刚到办公室夏婷就向他汇报了这件事。当然她没说明自己和杨莉的关系，要不明显就是假公济私了。黄经理思考了一会，反问夏婷：“你觉得我们要不要参加这次展览会呢？”

任务　利用信息辅助决策

决策是对未来事件作出决定的过程。而信息是决策的基础，帮助决策者在大量的现象面前作出正确的抉择，消除或减少不确定性因素，做到去粗取精，去伪存真，从而提高决策的科学性。为上司的决策提供信息是秘书的本职工作，也是秘书工作价值体现的重要方面。秘书应树立信息决策意识，为决策做好服务。

一、决策信息的来源

为了保证决策活动的顺利进行，秘书要从各种渠道获得大量有效的决策信息。决策信息主要有：

政策、法律、法令及相关规定；

媒体信息，如报纸、杂志、广播、电视、因特网等信息；

信息咨询机构的信息；

决策部门的决策、计划、控制等信息；

参观、访问、学习、交流等信息；

实地调查信息；

决策后的反馈信息；

其他相关信息。

二、秘书辅助决策的信息服务

决策包括多个环节，秘书辅助决策信息服务贯穿整个决策过程。在不同阶段，信息辅助决策的重点应有所不同。

(一)决策前做好信息超前服务

决策需要预测，远见卓识，但任何预测都必须与实际工作结合，依赖于现实状况产生的决策才具有科学性。因此，秘书在上司进行决策前就应积极主动提供信息，以帮助上司发现问题，形成决策意图。决策前的信息服务既要注重时间上的超前服务，又要保证信息内容的超前性。秘书超前信息服务主要工作包括：

(1)广泛涉猎信息，调查了解情况、借助情况、借助信息，发现问题、得出问题；

(2)尽可能把全面、真实、准确的信息及时提供给上司，供其在形成决策意图时参考；

(3)随时把客观实践中涌现出来的新动向、新趋势、新经验、新问题，迅速提供给上司；

(4)对所提供的信息进行必要的深加工与综合处理，使提供的信息有助于上司明晰决策意图。

(二)决策中做好信息跟踪服务

决策中，秘书应跟踪上司信息利用需要，及时提供相关信息服务。重点要做好决策目标确定、决策方案设计、决策方案选择三个阶段的跟踪服务。

1. 确定决策目标中的信息服务 决策目标是指在一定外部环境和内部环境条件下，在市场调查和研究的基础上所预测达到的结果。确定决策目标最关键的工作在于：一是认真分析企业内外部环境；二是深入进行市场调查研究。因此，秘书应该紧紧围绕这两方面，积极收集有关的详细资料，并对这些信息进行核对分析，为决策提供信息，供上司参考。只有提供了全面、准确、客观、真实的信息，上司才能明确决策目标，进而避免决策的失误。

2. 设计决策方案中的信息服务 决策目标一旦确定，下一步的工作就是拟定决策方案。秘书根据目标收集信息，包括有利因素和不利因素、确定因素和不确定因素，协助上司制定出各种达到目标的方案。此外还需要收集方案可能出现的效果信息，提供信息帮助上司解决遇到的决策难题。

3. 选定决策方案中的信息服务 决策方案拟定后，需对方案评估、论证，选取其一或综合处理实现优化。在上司对所拟定的决策方案进行讨论和选择之际，秘书通过信息服务发挥参谋作用是十分必要的。在企业管理活动中，秘书是不具备决策权的，但上司选定决策方案却需要秘书提供信息服务。在选择方案阶段，秘书要采用一定的方式方法，对已经拟定的决策方案进行经济、技术及可行性等方面的分析论证，及时地将信息反馈给上司，以便对决策修订补充。

【经验分享】

秘书辅助决策的信息工作内容主要有：

为领导准备好论证所需的翔实的信息资料，并将这些信息资料系统整理；

为参与方案论证的专家准备好所需的全部信息资料；

对各次论证会发言要点进行综合，并将主要倾向性意见和建议列出，供抉择；

对决策对象及其所处环境条件变化的信息及时分析综合，供参考；

当选择过程中任何一个层次上发现问题，都必须根据问题产生的原因与性质，及时地将信息反馈到相应层次中去，以便对决策修订补充；

提供论证依据、评价标准等信息；

对各种决策方案提出综合评价，为抉择提供科学依据；

及时提供决策的背景、条件、目标、策略等信息。

（三）决策后做好信息反馈服务

虽然决策经过了科学严密的制定、论证、对比、优化等过程，但在决策实施中都不可避免地产生这样或是那样的问题，需要上司去协调或是对方案进行一定地调整。作为上司参谋助手的秘书，在此阶段必须做好决策执行信息的收集、反馈工作。秘书要通过各种信息渠道，及时收集反馈信息，敏锐地发现各种偏离决策方案的错误倾向，为上司或是决策层实现有效指挥和控制提供信息服务，方便决策方案的调整、补充与修正。要通过信息调研及时总结经验，并将经验信息传递，使经验得以推广。

三、秘书信息辅助决策的工作方法

信息贯穿于决策的整个过程，是做好决策的基础工作。秘书通过信息工作辅助上司决策关键是要做好与决策相关信息的收集、加工、开发方法等。

（一）通过调查收集决策对象信息

调查是指通过交谈、答卷等形式获得原始信息资料。秘书通过开展与决策目标相关的调查活动，收集决策对象现实情况的相关信息资料，并对所得信息进行分析、讨论，及时发现问题，避免发生决策失误。调查是实现科学决策的基本方法和途径。

（二）通过比较分析发现规律

比较是通过对不同的信息资料进行观察、分析，找出两者之间的相同点和不同点。通过比较可以发现和提出问题，达到了解过去，预测未来的目的，进而研究工作活动的情况及其规律。秘书在向上司提供比较结果时既要用文字表述，又要尽可能用统计、图表等方法精确地表达。

（三）通过演绎科学预测未来

演绎是根据原理和经验进行逻辑推理和数学演算得出结论。在信息辅助决策中，秘书根据过去和现在信息、根据历史经验、宏观信息，演绎推断事物发展变化趋势，得出结论，指导未来的行动。在决策时对预测结果经过进一步验证、评价之后，才能将其作为制定决策的依据。

（四）通过归纳实现信息综合

秘书通过对收集的信息进行系统的归纳、分析和判断，确定信息之间的相互联系，提高信息的真实性和准确度，并将分析得到的结果加以整合，为决策提供深层次的信息。它是分析法与统筹法、数学法和逻辑法的统一。

（五）通过优选审慎作出决策

决策最终需要从不同的可行方案和意见中选优，最后决断。这个过程中选优显得十分重要，秘书要运用精确的数字、严谨的逻辑、社会科学的方法，全面评价决策的社会价值，权衡决策执行后可能带来的社会效果，最后作出审慎的决策。

项目二 秘书信息工作辅助事务处理

【学习目标】

知识目标

了解秘书日常事务工作的信息工作。

了解秘书会务组织中的信息工作。

了解秘书协调中的信息工作。

能力目标

能够做好日常事务处理中的信息工作。

能够做好会务组织工作中的信息工作。

能够做好协调工作中的信息工作。

案　例

总经理一天三次电话询问办公室信息秘书小王，了解南方市场的销售情况。小王一连打了好几次长途电话，总公司南方办事处主任都不在家，得不到答复。总经理要外出办事，临出门还叮嘱小王及时了解南方市场的情况，只要南方销售形势好，便可调整下一季度的生产任务，使企业再上一个台阶。

小王中午也没有休息，终于打通了长途电话，接电话的正好是南方办事处吴主任。

“吴主任吗？我是总公司办公室王秘书。总经理急需了解你们的销售情况。”

“我们的销售形势大好啊！我正忙着与港商洽谈十万套西服的出口合同呢！面料和样式与上次一样。”

“那太好了！能成功吗？”小王问。

“估计问题不大！意向书已经草签，今天下午四时进一步洽谈细节，然后签订合同。”吴主任说。

“那我下午四点半等您的准确消息。”

“四点半我还有个应酬。我让办事处小李给你回个电话。”

小王刚放下电话，总经理的秘书小刘又打来电话问南方的销售情况。

“吴主任说，南方形势大好，正在与港商洽谈十万套西服的出口合同。”小王兴高采烈地说。

“成功的把握大吗？”小刘问。

“吴主任说，今天下午四点正式签约。面料和样式与上次一样”。

“那就是说，只有签约的手续了？”小刘又问。

“是的。”小王肯定地说：“我接到签约回电后马上告诉你”。

小刘接电话后，在总经理写字桌的记事本上写道：“办公室小王接到南方办事处吴主任电话，与港商洽谈出口十万套西服合同，面料和样式与上次一样。今天下午四点正式签约。3月25日小刘记录。”

下午五点二十分，总经理回到办公室，急忙翻阅记事簿，看了小刘的记录后非常高兴。他拨通电话，要求采购员按上次要求购进面料，通知设计部门做好准备，维修部门抓紧维护设备，生产部门准备另外招收一批熟练技工……时间就是金钱，总经理抢在时间前面调兵遣将，一直忙到晚上七点半还没有吃饭。

下午四点半，办公室小王一连接到北方办事处、西北办事处的两个长途电话，一直打到下午五点半。刚放下电话，上海的男朋友又打来长途，商量结婚物资采购和蜜月旅行路线，一直谈了两个多钟头，柔情蜜意中连吃饭的事也给忘了。直到男朋友挂断电话，小王才想起南方办事处的重要电话还未接到。这时已快八点了，她一拨通南方办事处，小李开头一句就吼道：“怎么搞的？我拨了几个钟头电话，总是占线，你的电话拨不通，总经理的电话也拨不通。”

“合同签了吗？”小王来不及解释，打断小李的话问道。

“签个屁！生意让深圳一家公司抢去了。人家更有优势，吴主任气得高血压病也犯了，住院去了。”

小王赶快拨总经理的办公室电话。总经理办公室无人接，小刘也下班了。她又把电话打到总经理家里，家里说他没回来。最后，好不容易在大富酒楼里找到了总经理。

“什么？谈判失败？”总经理一听，手里的酒杯也落地了。他知道高档面料已经购进，现在只有压在仓库里……

重大的经济损失不可避免，总经理、吴主任、小王、小刘、小李像害了一场大病。公司的前途，个人的去留，使他们忐忑不安……

提示：1. 这个案例给秘书在接打电话的信息处理工作提供了哪些借鉴？

2. 这个案例给秘书值班工作中的信息处理工作提供了哪些借鉴？

【任务描述】

到了月底，黄经理布置夏婷把这个月的来访客户信息整理出来。小夏拿出抽屉里一叠来访人员的名片，对照来访客户登记表做起来信息统计工作。很快，她就按照字母分类法把客户信息都整理出来了，并做成表格放在了黄经理的办公桌上。

办文、办事、办会是秘书三大主要任务。在秘书实践中如何保质保量高效完成各种工作任务，特别是纷繁复杂的各类事务处理工作是应该探讨的问题。实践也说明，秘书的事务辅助工作是和信息工作紧密联系在一起的。

任务一 熟悉日常事务信息工作

企业秘书的日常事务主要包括值班、电话处理、印信管理、文件收发、接待、保密等内容。在处理这些事务过程中,都要求秘书根据具体的工作内容做好信息工作。

一、值班信息工作

值班本身就是确保企业管理信息畅通的内在要求,是建立企业全天候信息服务的基本条件。秘书值班时,要确保信息的畅通,快速高效处理各类值班信息就必须做好以下几点:

一是要熟悉信息渠道。秘书应该全面、准确的掌握公司内部员工的联系电话、住址、邮箱等基本通信信息,也要熟悉企业管理中经常需要联系的外界如公安、消防等有关部门的通信信息。只有这样,才可以在突发情况时保持沟通快捷顺畅。

二是要随时掌握上司活动踪迹。无论上司是在出差还是应酬,秘书都应该知道上司的去向并保持通信畅通,确保有重要情况可以随时联络汇报,接受上司的指示。

三是要建立健全值班信息处理制度。对值班过程中的各类信息应该事先制定处理流程和处理规范。值班时应严格按照流程操作,做好信息处理和值班登记。

四是要灵活应变。对于一些特殊信息,秘书应该坚持特事特办的处理方法,积极灵活应对,以达到最好效果。在值班过程中遇到保密信息还应坚守保密原则,坚决不泄密。

二、接打电话中的信息处理

通过电话传递的信息具有时间短、内容简单、保存难的问题。秘书在处理电话信息时,要养成好的接打电话习惯,做好电话记录,特别是记录清楚时间、地点、单位、姓名、数字等关键信息。对电话信息的处理也要坚持效率原则,主动承担为上司挡驾的职责。那些必须有上司处理的电话,秘书应该转接给上司或是报告给上司,但对于秘书职责权限或是其他职能部门权限范围之内的信息,秘书要学会自己处理或是按职能分工转给有关部门。

三、接待工作中的信息工作

接待工作也离不开信息服务。信息工作质量直接关系到接待工作质量。同时,秘书通过接待工作,又可以收集获取各类信息,甚至是开辟新的信息渠道。

接待信息工作包括日常接待中的信息工作和团体接待中的信息工作。在日常接待中,秘书要认真做好来访人员的登记工作,包括客人的姓名、单位、职务、联系方式等。同时也应了解来访人员来访目的,来访对象,留心收集有关有价值的信息。也可建立来访客户信息资料库,对经常往来的客户、上司经常联系的客户等更应注重收集信息,既可以有针对性地提高接待质量，也可以为上司提供信息利用服务。

团体接待时，秘书应对来客信息进行预测和了解。比如来访团队的成员数量、身份、职务、背景，来访时间、目的和来访的主要活动，做好胸中有数，提前准备。对来访团体乘坐的交通工具、到达时间、到达地点也应掌握，方便接站服务。在接待过程中还要关注来访客人的生活信息，包括遇到的困难和要求。

四、上司日程安排中的信息工作

秘书在给上司安排日程时，应对安排上司参加的有关活动作充分的了解，包括活动内容、组织者、规模、其他出席者、重要程度等有关信息，以方便上司统筹安排。对活动的理由、方式、时间、地点、程序、职责也要告诉上司，以便做好必要准备。

秘书在给上司安排出差日程时，也要了解出差目的、上司意图、随行人员、出差地和出差单位的基本信息、出差时间、出差期间气候情况、交通工具选择以及所需的文件和个人物品。

做好信息收集、处理工作是秘书提高上司日程安排服务质量的重要保证。

五、保密事务中的信息工作

保密要保护的就是那些不适合外界知道的特定信息。因此，保密工作本身是信息工作的一部分，是信息工作的纪律要求。

保密工作是对特定信息采取特殊处理形式。因此，在保密工作中，要准确把握和划定信息的密级，这是做好保密工作的前提条件。根据密级不同，我们对所要保护的信息采取不同的处理方式。

此外，秘书在办文、办会、办事过程中也会涉及大量的机密信息。因此，一定要树立保密意识，形成保密自觉。

任务二　熟悉会务组织信息工作

会议是信息沟通、信息处理的重要手段；会场是信息的重要集散地；开会的过程就是信息交流、信息处理、信息输入输出的过程。秘书的会务工作，实际上是确保会议信息有效流动，以实现会议目的的工作。因此，秘书必须把会议信息工作贯穿到会务工作各个环节中去。

一、会前信息工作

(一)会前信息收集

在会前，我们决定一个会议是否召开，解决哪些问题，何时召开，在何地召开，由哪些人参加，都是以准确可靠的信息为依据。会前，秘书必须协助主持和组织会议的领导人，收集整理有关信息,为召开会议作信息准备。

会前的信息收集,主要围绕会议召开的必要性(即召开该会议的主要议题)、会议的形式、会议方案制定等展开。通过信息收集处理,让会议主持者、组织者系统、全面、真实、准确地掌握有关情况,把握会议主题,事先做好准备,有效地引导会议进程。也为与会者提供必要的信息资料,让其在会前对有关会议情况有所了解,并对会议要解决或讨论的问题做好必要的准备。会前信息工作是直接为会议决策服务的,对会议效果有很大影响。因此,要确保质量,坚持客观、全面、深入地了解收集各方面信息。

(二)会前信息综合处理

会前在信息收集的基础上,必须对信息进行综合加工处理。要对各方面反映的情况和需要解决的问题,进行分类梳理并按待定议题进行综合,为领导确定议题提供服务。

会议议题确定之后,秘书要根据会议议题和领导指示,准备有关会议文件、会议议程、日程和程序安排。在撰拟有关会议文件的过程中,还要全面、深入地收集有关信息,使文件内容更充实,更符合实际需要,更有针对性。

会务工作是一项十分具体、周密、细致的工作,只有全面、准确地把握有关信息,才能做到准确无误,任何疏漏都可能影响会议的质量和效率。

(三)会前的信息沟通工作

除在确定议题、制定议程、编制会务筹备计划中要做大量信息沟通工作以外,在上述事项确定之后,还要做大量有关信息的沟通工作。具体事项:一是要发出会议通知,提前让与会者和有关单位做好准备;二是要与特邀领导、专家学者、知名人士等贵宾联系,邀请其光临会议;三是要收集与会者和贵宾能否出席会议的信息反馈,落实会议出席者,并根据反馈信息对各项具体事务做好安排;四是根据会议需要,与电视台、报刊等传播媒介联系,做好宣传准备;五是要根据会议需要,与有关要视察、考查、参观的单位联系,以便具体安排有关事项,等等。会前的信息沟通工作十分繁杂,要做好沟通记录,及时汇报。

二、会间的信息工作

(一)到会情况的信息收集

秘书要通过会议签到,收集到会者的人数、缺席者的人数和名单,让会议主持者及时了解具体的准确情况,并让会务后勤部门准确把握;重要贵宾到会后,要准确了解其身份、主要成就、到会演讲的主要内容,及时报告给会议主持者;对年老、体弱的与会者的有关情况也要有详细的了解,要在住宿、保健等方面给予必要的照顾。特别是大、中型会议,到会人数多,情况复杂,必须准确把握到会情况并对可能发生的各种意外情况及时采取应急措施。

(二)会场信息工作

秘书在会场上是重要的信息沟通者,一是做好会议文件材料的发送工作,要把有关文件及时分发给每一位与会者，并做好文件材料的登记和回收工作，避免漏发和漏收。二是要在会议进行中做好会场内外的联系与沟通。三是要安排好发言顺序，除了事先安排好的重要发言以外，有些会议的自由发言，秘书也要协助统筹安排，以保证会议发言有序进行。四是要做好会议记录、录音、录像，把会议的重要信息记录下来，保存备查。五是要在会期较长的会议上，秘书要做好会议简报，作为会场信息沟通的工具盒分组讨论各组间信息沟通的重要渠道，也以此作为形成会议纪要等会议文件的信息依据。六是秘书还要利用会间休息，广泛征求与会者的意见、建议和要求，并将收集的有关情况及时进行综合处理，分类向领导汇报，并对具体问题予以解决。

秘书在会议进行期间，信息工作头绪很多，时间要求也十分紧迫，既要会外沟通，又要会内沟通；既要与领导沟通，又要与会议代表沟通；既要与后勤保障系统沟通，又要加强会务秘书之间的联系沟通，因此，必须各司其职、相互配合、行动一致、坚守岗位、连续作战，只有这样，才能确保会场信息流动畅通，确保会议顺利进行。

三、会后的信息工作

（一）整理会议文件资料信息

会议形成的文件资料信息，是会议取得的重要成果，必须在会后及时进行整理。其中，有些是会议精神贯彻落实的重要根据，有些是日后查考的重要凭证，有些对研究某专门问题具有不可替代的参考价值。会议文件资料信息整理的具体要求，一是要做好会议记录的整理工作。会议记录是会场记录下来的原始信息，是会议内容的客观翻译。但会场记录时为了加快速度，有时不得不运用速记符号，简化专门术语，有些发言者使用方言使得记录很可能不够准确。因此，会后必须整理、校正，有些还必须与录音对照校正，或找相关人员进行审实记录，确保真实、准确、全面、详实并公正、清晰、有条理。二是要根据会议记录、会议简报等记载的信息资料和会议取得的主要成果，以及会议决定的事项撰写会议纪要。会议纪要撰写就是要将会议上产生的重要信息“纪实”和“扼要”形成文字材料，要忠实于会议实际，要对会议产生的信息进行提炼和概括。会议纪要是为宣传、贯彻会议主旨服务的，所以撰写会议纪要关键在于把握会议主旨，围绕会议宗旨撰写，才能使其充分发挥作用。

（二）处理会后执行信息和会议新闻报道

开会后对某些会议决定事项的传达落实情况，秘书要负责收集处理有关信息，其中主要的任务，一是要全面了解会议精神的传达情况，并将及时传达、尚未传达的有关单位做准确的统计。二是要及时收集会议精神传达各方面的反应，对理解支持的、不够理解的、对某些内容有意见、建议的等不同的反应，要做分类归纳整理，将情况综合后，向领导汇报，供领导参考。

任务三　熟悉协调信息工作

一、秘书协调与信息沟通

协调是领导的重要职责之一。秘书在工作中,往往需要协助上司协调有关工作。秘书的协调与信息沟通是紧密相关的。秘书毕竟不是领导,在协调工作中无权也不能发号施令或采用强制方式,否则结果是恰得其反的。秘书的协调主要是通过和协调对象进行信息交流的方式进行的。秘书可以借助自身信息枢纽的职位优势,向有关方面人员说明情况,了解各方意图、要求等信息。

秘书协调过程中,要努力通过沟通信息达成共识。矛盾的产生往往是信息的不对称导致的。不同的人,由于自身经历、经验、阅历、立场、环境等方面的不同,容易造成对某些问题看法不同,形成矛盾。秘书应该加强沟通,在矛盾各方搭建桥梁,确保信息的相互流通,避免信息的不对称,进而消除分歧。秘书在操办会务、处理公文、撰拟文稿、处理事务等工作中,要注意上下级及平行单位之间的信息沟通,协调企业各部门、各成员之间的行动,使之协调配合,提高工作效率。

二、秘书协调中的信息沟通技巧

秘书在协调中,在与有关方面进行的沟通交流中,必须设身处地为有关各方考虑,理解他人、尊重他人。在沟通中要注重技巧的运用,动之以情,多采用商量、征询等方式实现沟通目标。

(1)根据上司意图在授权范围内进行协调沟通。协调是上司的重要职责,秘书本身没协调的职责,只是在协助上司开展协调,是属于授权下的行为。因此,秘书在协调过程中要尊重上司意图,在其授权范围内展开工作,避免协调的随意性和超范围性。

(2)以全局利益和长远利益为协调沟通出发点。矛盾的产生,主要是大家在利益上没有形成一致,仅仅局限在部门、个人的局部利益上。秘书应该用全局利益和长远利益来说服各方,最终促成一致。只有这样秘书的协调才可能成功。

(3)协调沟通必须有原则进行。协调不是当和事佬,不是做老好人。在协调中秘书必须有底线。这个底线就是秘书协调的原则。秘书的协调是在矛盾各方的夹缝中生存,千万不能说不利于团结的话,不能搬弄是非,火上浇油,加剧矛盾激化,这是丧失原则的表现。

(4)协调沟通必须实事求是。秘书在协调中遇到问题,要敢于正视,不能回避问题,更不能丧失原则,传递小道消息。应该深入了解真相,全面把握实质,实事求是,务实求真地进行有效沟通。

(5)协调沟通是秘书服务。秘书的协调沟通应该具备良好服务意识,主动沟通协调。

实 训

实训项目:信息辅助管理

【任务目标】

了解信息辅助管理的基本程序,能够围绕上司的工作重心,有针对性地为上司的决策提供有效的信息和建议,掌握信息工作的初步技能。

【实训任务】

休闲装品牌发展空间巨大。自20世纪90年代以来,休闲服饰在我国消费者中成为消费时尚。据不完全统计,目前我国专业的休闲装生产厂家已达万余家,国内休闲服装品牌多达2 000多种,休闲装在我国服装产业中渐居主要地位。在这样大好背景下,逸闲休闲服饰品牌经过发展,已在市场上占据了一席之地,产品年销售额不断增加,消费群体数量增多。夏婷也因在市场部工作表现突出,被总经理看中调到总经理办公室任秘书。谁知刚上任就遇到公司的大难题:由于市场规模在急剧扩大,公司生产、销售、设计、品牌运营等环节都等待大量资金投入,但公司遭遇了资金实力不足的问题。在企业资源有限的情况下逸闲休闲服饰该如何发展?总经理最近一直为这个事情弄得焦头烂额。

这天早上,夏婷给总经理送当天的报纸。正要离开时,被总经理叫住了:"小夏啊,你是市场部出身的,你觉得这个问题有没有什么好的办法啊?"

假如你是秘书夏婷,请你给上司决策提供一些有用的信息。

【任务实施条件】

(1)教室、实训室或计算机机房。

(2)办公桌、电脑、打印机、打印纸。

(3)教师可以根据本校、本地实际情况,适当改变实训任务,比如增加或改用本地信息,以便学生可以更好地进行实训。

【任务实施】

(1)组建团队。把学生分成若干个团队,每个团队以5~8人为宜,选定团队负责人,确定团队任务和内部分工。团队内成员结构要合理,具有互补性。

(2)收集信息。收集相关信息。

(3)整理信息。对收集的信息进行整理。

(4)向上司汇报辅助决策信息。对信息进行编写,并利用PPT向上司提供相关决策建议。

【任务评价】

(1)结果评价:

建议方案(可行性、创新性)

汇报PPT(形式的美观、内容的选取等)

(2)过程评价:

收集工作过程:方法、渠道

汇报工作过程:汇报的逻辑性、语言表达清晰性、身体语言恰当性等

(3)评价方式:

学生自我评价	
学生互评	
教师评价	

【自测题】

1. 秘书如何利用信息进行辅助决策服务?

2. 请你收集一则案例,并用案例说明秘书信息工作在企业经营决策中的地位或作用。

3. 请你谈谈自己的个人沟通协调技巧。

参考文献

[1] 刘萌. 商务秘书信息与档案工作[M]. 北京:中国劳动社会保障出版社,2005.
[2] 缪惠. 信息工作与档案管理[M]. 合肥:合肥工业大学出版社,2005.
[3] 赵映诚. 文书工作与档案管理[M]. 北京:高等教育出版社,2003.
[4] 陈祖芬. 职业秘书资料与档案管理教程[M]. 北京:清华大学出版社,2008.
[5] 范巧燕. 企业档案管理——电力企业创新研究[M]. 北京:经济管理出版社,2008.
[6] 蔡建文. 情报为王——商业情报的攻防之道[M]. 北京:金城出版社,2008.
[7] 谭一平. 现代职业秘书实务[M]. 北京:中国人民大学出版社,2007.
[8] 唐永林,陈荣. 企业竞争情报入门[M]. 北京:科学出版社,2007.
[9] 范立荣. 秘书国家职业资格培训教程[M]. 北京:海潮出版社,2003.
[10] 陈琳. 档案管理技能训练[M]. 北京:机械工业出版社,2008.
[11] 余红平,胡红霞. 秘书信息工作与档案管理实务[M]. 北京:外语与教学研究出版社,2009.
[12] 张天平. 市场信息战[M]. 北京:电子工业出版社,2008.
[13] 王岛桦. 左耳进右耳出[M]. 深圳:海天出版社,2007.
[14] 卢斌,刘永成. 信息工作与调查研究[M]. 北京:高等教育出版社,2001.
[15] 司有和. 行政信息管理学[M]. 重庆:重庆大学出版社,2003.